suhei

你的身體就是你的道場。

素黑

希望了解自己，必須先從身體開始，
而不是內心世界，前者是通往後者的入口。

人要遇到最大的傷害，
才能修煉最大的堅強。

停留的人生沒有選擇，
流動的人生盡是機遇。

人生際遇是隨機和緣分的安排，
但更多是願力指揮的結果。

茶是讓身體修靜的最好工具。
喝茶前先虛懷，茶會為你開放。

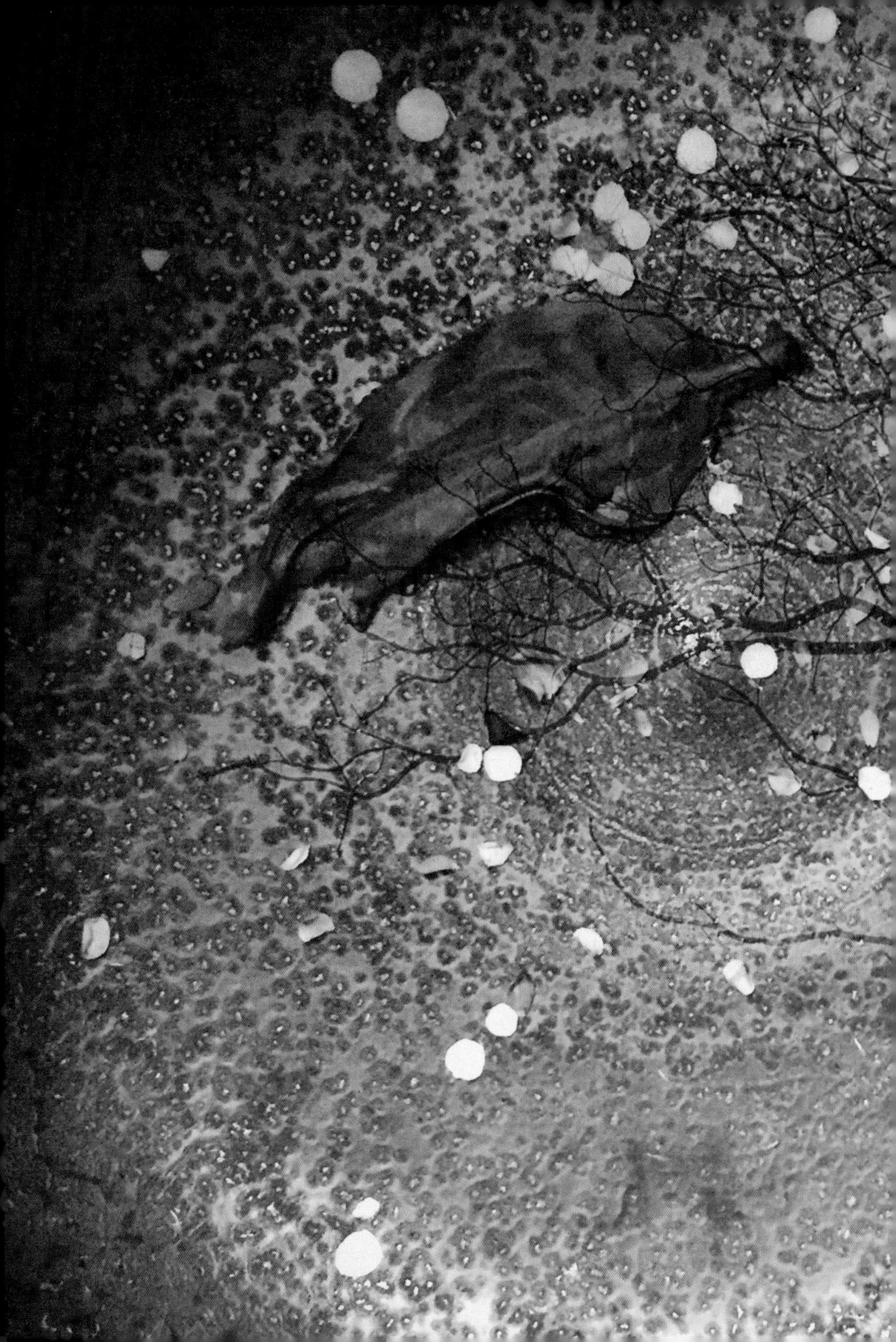

本書之跨媒體合作伙伴

攝影師

Maseedis Kay 暨華凝

屢獲大型攝影節如香港國際攝影展等之邀請擔任講師，為著名攝影機品牌 Samsung 之推廣攝影師，並與攝影器材公司合作開辦攝影工作坊，為多項攝影比賽擔任評審，替多份攝影雜誌撰寫專欄，現任教於香港攝影學會 HKPA。

Maseedis 的作品充滿靈性意境，風格虛實同體，動靜圓融。近年更與不同宗教、文化及慈善團體合作開辦「攝影禪」、「茶席攝影」等工作坊。

www.maseediskay.com

音樂創作

Paul Yip 葉破

音樂顧問、聲域藝術家、即興音樂家、DJ及策展人。曾於香港、大陸、澳門、台灣、日本橫濱、韓國釜山、蒙特利爾等重要當代舞蹈節、音樂節及藝術展中創作及演出，並獲邀作釜山辛恩珠舞蹈團駐場藝術音樂家。曾為連卡佛、時裝展、婚宴、高級餐廳及酒店等提供音樂顧問服務，亦為音樂活動及藝術節策展人，舉辦音樂工作坊。

Paul 擅長各種聲音項目如電玩／影片配樂、聲音裝置、戲劇／舞蹈及聲域設計。現為高端製作企劃 IZEN 主腦之一。

Facebook: PAULYIPPALPAL

原創主題曲

粹雨 pure fall

作曲／演奏：Paul Yip

樂器：Ukulele

在 YouTube 欣賞：
素黑《踏踏實實愛自己》- 原創主題曲：粹雨 pure fall

目錄

回歸生活 從衣食住行重整自己

序

用自己的方式愛自己

自序

素黑的一天

微博上有人以「像素黑一樣生活」的名字註冊博名，國內評論圈也會用「素黑式的愛」來形容我的作品中談自愛的人生導向。

我常以文字和自療法教人管理好自己，很多人因而對我是如何過一天和管理自己很感興趣，想知道，像素黑一樣生活，具體是怎樣的？嗯，其實，沒什麼特別的。早上跟著太陽醒來，餵貓和梳洗，飲肉桂蜜糖檸檬水，然後掃地，清理貓廁所，替植物澆水，做一點伸展運動，敲一下黑銅磬，放一點天然香薰精油，打開電腦開展工作。

早午餐一般吃簡單的麵條，不太忙時會做我最愛的薯仔烤餅，中午看國際新聞，下午繼續工作，會泡古樹普洱茶或其他養生茶如黑糖薑茶、紅棗圓肉杞子茶、首烏黑豆茶等。

黃昏前外出散步和買菜，回來做飯，幾乎不放鹽和糖，會用大量初榨橄欖油或有機椰子油、紅葡萄酒浸洋蔥，必須有深綠葉菜。有時會用自療音叉清理疲倦，不定時和貓玩，需要減壓便放下工作做衣服，大掃除，修理家具。睡前靜一會，靜聽銅磬或彈一會鋼琴，吹一會兒尺八，推穴位，拉拉筋，有時懶得去做，十二點前上床睡。

沒必要也不會跑到城裡，每天最少外出散步一小時，累透了一定要到安靜的地方走走，最理想能到山上海邊走一天。外出盡量走路不坐車，非不得已也拒絕坐的士。平時一般不接電話，要找我在Facebook、電郵或QQ上談好了。

保持寧靜是我的生活重心。

我重視儀表，讓自己舒服和自在，因為感覺美好是人應該做的事。外出開會或出席活動時，不太管場合是什麼，只穿令自己喜歡和自信的衣服，也會用令自己愉悅的天然木料香水。謝絕盲目消費，家裡不放裝飾物，盡量自己造家具或到垃圾站檢回來改裝。不會長開水龍頭洗手和碗筷，不浪費一滴水、一粒米。在外邊吃飯點很少菜，大部分時間吃純素。衣服不多，鞋子才幾雙，舊了可改破了可補，日用品能修補便修補，哪怕一個塑膠袋也會補完再用直到無法補為止。盡量不存書，看完送別人，家裡很少放音樂，盡量保持靜空，不堆放東西，垃圾也不多。出差自攜日用品，盡量不用即棄物，外遊很少買紀念品，拾一片當地的落葉或小石頭已足夠，靜靜的來清清的走。回家先跟貓和家具打招呼，生活安安靜靜簡簡單單就好了。日子大致這麼過。

脫離生活便是無力

記得大學時代上第一堂哲學課，我敬愛的關子尹教授引用了海德格的話：「哲學若脫離了生活便是無力的。」這話一直銘刻於心。脫離生活去談或想像種種做人的道理不過是空談。你可以談得很深邃，能打動和說服人，不過，假如你活得不夠實在，言行想並不一致時，你不過是個自戀的文人或學者，甚至是個自欺欺人的騙徒，靠語言偽術打滾的江湖術士而已。

到底所謂像我一樣生活意味著什麼呢？我常強調，當你不能從喝好一杯水開始去修養愛的話，你的生活你的愛都是虛的。別以為我是個沒煩惱、沒愛惡、沒痛苦、不消費、不享樂、不實在的苦行僧，別以聖人的光環套在我身上投射對偶像的崇拜。假如你是追求這種離地的作家或身心靈聖徒的話，慶幸我不是你所需要的這種神不神、人不人。

我活得很現實、求變，也實踐創意。在關注如何喝好、吃好和睡好的自然療法外，我更關心如何提升生活質素，告訴你如何提高品味消好費，不浪費，別只盲目跟著主流走，亂買亂穿亂遺棄。我希望大家從日常生活層面如穿好衣服去學習照顧自己，訓練仔細，修養生命，學習自愛，然後，你的生命你的愛才開始變得具體。

像我一樣生活離不開踏實和具體。磨煉細心，簡單知足，自信自愛，不多添垃圾和麻煩，在生活細節上提高要求和創意。這樣慢慢愛，靜靜活，夠美好了。

在最痛時候，我做了什麼

沒有大衝擊的日子可以這樣平靜過，可遇到傷痛，在最痛時候，我做了什麼？

過去十多年，我經常需要處理別人的創傷，同樣也需要處理身邊人和自身的創傷。成長，是在充滿創傷中掙扎的過程，而成熟，是從成長掙扎出來後的穩定。

關於創傷，在治療和醫學上，我願意不斷進修，提出與時並進的創新治療方案。不過在靈性的層面，很難避免涉及心性、因果、業障等方面的思考和討論，因為有可能為創傷治療提供一個穩定的、終極的療癒方案。有種宗教式的說法：你所受的苦難都是前生作的業，今生還的債，接受了才能踏上解脫之路。假若你不願意相信因果論，甚至開始跟這種說法爭論，結果不但沒有為創傷療癒帶來正面的啟示，反而變得更複雜，激活了為此爭拗的負能量和希望扶正的道德慾望，這未免遠離了處理問題和療癒創傷的目的。其實大部分時候，我們都不自覺地掉進這種思辯的陷阱，糾結大半生，問題還是孤單地懸吊在生命的崖巔。

我能寫出女人的痛，特別關心如何面對和處理創傷，也花特別多的精力研究治療方法，因為我是女人，遊歷在女人自找的、被投進去的痛苦海。

某年在上海開辦情緒整合聲療工作坊完畢後，有位同學問我：「老師，在最痛的時候，你會做什麼？」這是被問過最震撼我的一個問題。那兩天剛好回應並處理了很多學員切身的傷痛個案，突擊反觀自身的痛，不期然流著坦誠的眼淚回答：「在我這生最痛的時候，寫了《愛在136.1》這本書，只為希望大家好好尊重愛，好好學會愛，不要再互相傷害了，愛不應該被糟蹋。」

記憶中，最痛的經歷曾給予我兩種嶄新的反應：一是想嘔吐，反胃地想嘔；二是感覺麻木了，雙眼自動會流淚。如斯情感絕境，比悲慟更極致和無助。它們是重要的，我一一記下來了，為進一步認識自己，認識傷痛後遺症。沒有經歷過，我們其實對一切都無從知曉，也不可能深入和具體。這些反應是很私密的，只能自己面對，難以也沒必要跟誰細緻分享。我可以分享的，倒是這個：在我最悲傷的時候，我會逗自己和對方開心，說個笑話，幽默一番，哪怕對方正是帶給我災難的元兇。

有可能做到嗎？有的。

以反高潮的笑來包容慈悲

最出色和成功的喜劇大師大都經歷過沉重的傷痛，甚至患有長期嚴重的抑鬱症。或許只有他們最清楚，人在最最最深的傷痛中的自然反應不是哭，而是笑，這原是身體在受到極致毀滅的威脅下自動反射的求生本能。

笑是一種自我拯救的嘗試。生命再爛，再難受，外在世界也不會按你所需要的來救贖你，你只能用自己的方式動搖正在陷入的厄運。在痛哭過後，不忘跟傷害我的人說個笑話。我明白，在超越了能承擔的痛楚極限時，你只能以反高潮的笑來抗議命運，包容慈悲，為生命守住最後的尊嚴。

悲劇是不是因果或命定根本不重要，重要的是面對傷痛時你能如何自處，可以的話，加倍愛自己。畢竟，成熟的人會對自己的情緒負全責。

當你感到悲痛難過時，請你嘗試大笑。方法有很多，譬如選看搞笑的節目。看到笑點，請你大聲、誇張、放膽地笑出來，哇哈哈哈地笑，傻瓜一樣地笑，保持15秒，然後停下閉上嘴，保持微笑。

對，不是敷衍的輕聲笑，是大聲地笑，讓咽喉張開，讓聲音釋放，讓細胞記錄大笑時肌肉的收縮和放鬆度。不管你是真心的快樂還是假裝的強笑，大腦是不懂得分辨的，它只會接收到你需要和變得快樂的信息，以為你已經很快樂，所以自動調節身體機能如擴張肺活量、稍提升血壓等去配合你表達快樂，令你進入high的狀態。這時候你的心可能還在悲傷中，可身體卻向相反的方向運作，減輕身體長期在低沉和負面的情緒狀態下加速產生毒素和細胞病變的惡果，減低抵抗力下降的幅度。然後，身體會讓你繼續保持這種「開心」的狀態一段時間。這，是從悲傷中走出來的黃金關頭。

單靠把問題想通，等待誰變好，所謂明白道理或不知何時才來的醒悟，你不知還要沉溺多久才能從傷痛回到穩定。可以的話，讓笑成為你忠誠的醫生，從調校身體的情緒信息開始，重設你的悲喜平衡線。

以笑回應悲喜人生，真的沒什麼大不了。

寫這書的當下，正值社會出現密集式的自殺和精神失常的暴力個案，社會負能量超標，蒙上沉重的陰影。在香港中文大學為同學開辦情緒急救工作坊時，有位大二同學一臉純真地問我：「是不是增加正氣便能令自己不再怕鬼，如何能獲得正氣呢？行善是否能令人變得越來越好？」

這可是看似簡單但高深的提問。如何能得到正氣？要先清除負能量嗎？有正氣的人不一定行善，而行善不一定必然會變好，眼看很多行善者受歡迎了，被追捧成名後，行善的初衷和初心便變質，過程出現了偏差，良善並沒有變好的保證。

每個人都是獨一無二的，要愛自己，獲得正氣，持續向善，光明正大，問心無愧地活著，需要自行摸索和調校，用自己的方式和步伐成就和圓滿，不假手於人，自能功成身退。在這書裡，我以4個踏踏實實的步驟道出能歡送負能量的生活智慧，包括在調整負能量前要如何準備自己、18種調校心態的方法、19種逆轉負能量的實用自愛急救法，以及從衣食住行回歸生活、重整自己。有我分享個人的經歷，有你和他的過去和現狀。讓我們一起修煉，摸索出自己的方式，好好愛自己。

這書是三年前完成的《愛在136.1》的生活版延續篇。閱讀的終點，不是為了讓你得到被濫說到見鬼似的所謂正能量。我只想告訴你，在你最痛、最無助的時候，還有什麼風景可以看、什麼滋味可以品嘗，然後才決定離開或回來。願你能修得愛自己的智慧與方法，用自己的方式擁抱自己和世界。這一生，知足了。

素黑
二零一六年四月

素黑：脫掉生命的鞋子

（原載於《心探索》雜誌67期［2014年5月］，內容經過編輯）

採訪：董河

採訪前的拍攝中，素黑脫去鞋子。沒有鞋底的碰撞，她腳下的木地板頓時安靜了。

春分時節，窗外枝頭尚掛著嫩芽兒，樹影婆娑的白簾下，這個黑衣女子赤著腳，一坐就是約莫兩小時，她說：「我不冷。」鞋底只有幾厘米的厚度，除去它，生而為人的優越感解除了，與環境之間的芥蒂也解除了。她的腳底，有這間屋子最踏實的皮膚，此刻，她像孩子，或是遠古的人類，對天地一片赤誠。

採訪前，素黑向我們要了採訪場地的照片，她說要問問場地，想不想和她交朋友。這可不是開玩笑。

在她心目中，衣服是我們的第二層皮膚，比愛人更親密；一個空間可以是一個宇宙，讓人回歸；補好一個塑膠袋，也能帶給她無法形容的喜悅。「尊重」二字在這次對談中有著極高的出現頻次：尊重工藝的價值，尊重安靜，尊重家裡的物件，尊重一杯水，尊重與你合作的人。「從身邊最平凡的東西開始尊重，你就懂得愛了。」

也許有人想聽她關於黑衣的秘密，想聽她講述過往感情經歷……抱歉，我們並沒有聊，不妨聽聽她手掌和衣服摩擦的聲音，沙沙。她笑了。

「像素黑一樣出走」

在好友梁文道眼裡，當年的素黑「並不快樂，老是在路過的地方投下一道暗影。」幸而後來「她消失了一段日子，再回來，就漸漸變成現在大家在書裡所認識的這位素黑了：自在，安定，並且快樂。究竟她身上發生了什麼事呢？」

這段日子常常被簡化為一行字：素黑於１９９７年離開香港赴英國布萊頓過隱居生活，１９９９年回港。是啊，究竟她身上發生了什麼事呢？

窗外響起摩托引擎的轟鳴，素黑莞爾：「這感覺，很歐洲。」

心探索：我們聽過一個說法：「像素黑一樣出走」，出走和素黑似乎密不可分，在你心目中，出走是一個什麼樣的行為？

素黑：出走，跟散心、旅遊是不一樣的。

出走是有計劃的：我很清楚要重整生命，過跟現在不一樣的生活狀態。我最深刻的一次出走是在1997年，去了英國一個傍海的小鎮——布萊頓。

當時我放下了在香港的所有工作：大學教學、藝術策劃、文化批評……那個我也是真的我，但是很累的我，我想，必須完全停下來。怎麼停？呆在原地，能量還是一樣的，這個地方給你的，或者說，你跟這個地方特有的互動振頻也是一樣的——要不，出走吧——這個概念就有了。

心探索：很多人聽說過素黑的布萊頓歲月，也知道素黑的生命由此改變，但是，很少人知道，那段日子裡究竟發生了什麼？

素黑：之前，我都蠻負面的，傾向於跟世界對立，跟人對立，看不順眼，我就要改變它——年輕人嘛，也是好的，只是掏盡了我的所有精力。

這樣的出走，讓太陽照進我的生命裡面，給了我很大的力量。

那段日子，我不見人，讓自己完全地面對自己，很集中地寫作；出門買菜，回來做菜；或是外出走走，海邊走走。那座小鎮很小，一個小時就可以走完；我的房間有很大的窗，東邊是日出，西邊是夕陽，對面就是海，窗外會有人飛過——他在玩滑翔傘。看著窗外人飛，鳥飛，雲飛，風飛，一天就這樣過去。

那段時間，我幾乎幾個月不說一句話，但是聽很多，看很多。別去一些你「很明白」的地方，最好是去沒去過的、語言也不是我的語言的地方，在那樣的地方，整個人可以重新來一次。

心探索：為什麼要強調「不是我的語言」？

素黑：語言不光是語言，語言是文化，是歷史，是一個集體的催眠狀態。你融入一種語言裡，就要想那個語言想的，做那個語言要求你做的，很容易就給這個語言綁住了。不是說不好，而是你會很容易固定下來，變成它的一部分，不再尖銳，失去敏感度，然後，你就沒有了。

問題在哪呢？當你發現內心有掙扎，或是跟人相處有問題的時候，你便不知道怎樣突破。

心探索：這樣是不是有助於保持獨立性？

素黑：對，就是身體上的獨立。身體習慣一個地方，也會依賴一個地方。出走，給我重生的經驗。

更重要的是，出走是一個自我管理的過程。不是隨性的、浪漫的，或者是很不負責任的，對不起，不是這樣的。

我的出走是：先定下目的地，再找一個落腳點。所需的每一分錢靠自己賺回來，買飛機票回去。出走要靠自己安排，別要誰來幫你安排。不要交給旅行社，這只是豪華旅遊而已，會令自己「殘廢」。

尤其是對於年輕人，非常建議他們一生中無論如何也要出走一次。

從身邊最平凡的東西開始尊重它

心探索：素黑的一天是如何開始的呢？

素黑：每天，太陽什麼時候醒來，我就醒來。貓在叫：「我要吃東西。」我一邊餵貓，一邊就去清理，先把整個空間洗一洗，好像洗澡一樣。一天的開始，乾乾淨淨，重新來一次。

擦一擦家具，就好像在跟它溝通。家裡每一個靜物，我當它是一個家庭成員，不是「用它」，而是「我們同在」。我回家做的第一件事是跟家說：「哈囉，你好嗎，我回來嘍。」它們需要愛，這不是指我們很容易迷失在裡面的所謂「愛」，而是很基本的「你有沒有尊重它，你有沒有照顧好它」。

我們通常的心態是「我希望放什麼在家裡」，但我們沒有問過空間的需要。我做音樂會、開課、演講，第一個要求就是先看空間的照片，問問它：「你是不是需要我？你是不是想跟我交朋友？」如果你不願意的話，不勉強你。

有時候你覺得鬱悶，其實是因為這個空間鬱悶。它舒服你才舒服，我們是一起的。同樣地，我們的身體其實一直在敲門：「喂，休息了哦，很累了哦。」你不管它，他便痛給你看。

心探索：在你的身體感覺累的時候，你會做些什麼來愛自己呢？

素黑：走動是我每天必須要做的，我會自己做飯，利用去買菜的時候休息。很累很累的時候，我靜靜地坐著，貓貓就會過來，跟我在一起，咕嚕咕嚕——牠的振頻太好了，牠是我能動的音叉，給我 136.1Hz 的愛。

還有，一定要有聲音，每天早上聽聽銅磬，太累的時候，我會彈鋼琴。彈鋼琴可以進入催眠的狀態，而且那個 flow 不會停，有些人去跑步，跑到一個很 high 的狀態，不會累的。鋼琴是我的運動，在裡面我會忘記時間——原來彈了一個小時了，我還以為只有十分鐘。

音樂有它的旋律，也有它的世界，這是一個特別的系統，當我的系統亂了，我可以到這個系統裡面轉換能量。

心探索：縫衣服也是你休息的方式之一嗎？

素黑：我很喜歡跟衣服在一起。我現在穿在身上的這件衣服是我自己設計的，很感謝我的設計師，他用的布料好像樹皮。我喜歡抱樹，穿著它，就好像穿上一棵樹。摸一下，你聽（沙沙），衣服是有聲音的。你可以聽衣服，就好像我常說的「觀音」（素黑自創「觀音定心法」）。

衣服的重點不在穿，而在選和看。我們常常在意衣服「有沒有把我穿得好看一點」，有這個心態的話，你怎麼樣也不會太好看（笑），因為你覺得自己不夠好看。其實應該是相反的，「我夠好」，或者是「好不好沒問題」，我穿它，就好像跟它戀愛，去襯托它的美麗，我也美麗。

衣服是我們第二層皮膚，是我們身體的一部分，比你的愛人更親密，愛人睡在你旁邊，但是你跟衣服是一起的。

心探索：你很喜歡和衣服相處，但是你在演講時似乎說過，你的衣服並不多？

素黑：一件衣服如果不破，我可以穿一生。我喜歡改衣服、補衣服，連一個塑膠袋也要補的。昨天收拾行李，發現放衣服的一個塑膠袋破了一個口，一般人肯定會丟掉換新的，但是，只破了一點點啊，我就拿膠紙補好它，馬上就像新的一樣。之後那幾秒鐘的喜悅，不能形容。

我近日其實很累，有很大的創傷，但昨天就是因為那個塑膠袋，它給我幾秒鐘的喜悅，到現在也非常感恩。覺得自己很幸運，一個塑膠袋足以治療我的悲傷，它救了我一命。

懂得修補一個塑膠袋的話，你也可以修補跟伴侶的關係，因為你沒有看不起它，你沒有放棄它。

心探索：一針一線地縫補衣服，那個過程是什麼樣的感受？

素黑：你會看到一個過程：在時間裡，一樣東西一點一點地變成另一樣東西。做飯也一樣，水和麵粉混在一起，加熱，等待，看著它像魔術一樣變化。然後吃下去，變成你細胞的一部分。衣服是貼身的，食物是入心入肺的。

最近我也叫大家喝普洱茶。中國人常常喝茶，但是不懂得喝。我說「自愛很具體，從喝好一杯水開始」，不是開玩笑的。杯多大？是高是矮？拿起它的時候，有沒有感覺水的溫度？有沒有先看一下、聞一下？有沒有一小口一小口地品它？人的身體 70% 以上都是水，我們跟水的關係不好，也不可能跟自己的關係好。

喝好一杯水，才問什麼是愛。喝完之後不舒服，就像愛一個不對的人，在一起不舒服，你還以為你很愛他，那是假的。從身邊最平凡的東西開始尊重它，你就懂得愛了。你會越來越細，細到連一個塑膠袋破在哪裡你都看得到。

心探索：你的細心和多年前的舞台工作經歷是否有關聯呢？

素黑：舞台工作對我幫助很大，我現在的仔細、嚴謹、懂安排，很大程度上歸功於舞台工作的訓練。

整個製作的過程，最重要的就是安排。做劇場輸不起一秒鐘的差錯，一秒鐘的廣告費很貴哦（笑），一秒鐘可以讓一個舞蹈演員跌倒，地板拖不好，會殺死一個舞蹈演員的生涯。

專業跟尊重是分不開的，我要求專業是因為我尊重，不是因為我挑剔。

尊重，就是你做好最細的每一步。如果能以這樣的心態去做事情，你的基本功會扎扎實實，你知道每一秒鐘會發生什麼事情，可能發生什麼事情，預先做好準備，不容易出錯。這些是最基本要做到的。

心探索：你在製作銅磬的過程中有一個小故事：銅磬混入氣泡，會在表面產生小的瑕疵，如果把這個瑕疵磨掉，會影響銅磬發聲，如果不磨它，這個瑕疵就會呈現在銅磬的外觀上。這是不是會延伸出一個關於「完美」的考量？

素黑：不是完美，我只能說是「如實」，怎樣能做出來，就只能這樣做。完美只是個概念而已，就好像完美的圓形根本只是數學概念，想多了讓我們添累，會執著。對我來說只有「好一點」。

跟人合作，我會體諒，也會給良性的壓力——「可不可以進步一點？」跟我合作的人會嘗試從來沒做過的事情，即使他們已做過幾萬遍，因為我要求改善，他們一生中第一次嘗試用更好的方式去做，譬如我研發的靜聽愛銅磬，就是這樣磨合出來的。「麻煩你，可不可以再調一下？」多「煩」師傅幾次，他便進步了：「原來你不煩我，我真的不知道多調幾次之後聲音會更好。」由最初感到很煩，到最後是微笑，因為他真的學習了。

我不需要完美這個終點，我不要「完」。最近寫了一篇文章，講一個日本的設計概念，也是一個修行的概念，WABISABI——殘破、原來、原始的美。經過人的使用，它帶著一種很有歷史感的味道，有溫度，有顏色，有光，有變化……那是歲月給我們的。我們只是小孩而已。一棵樹，幾百年，也只是一棵「小朋友」的樹，幾十歲的人生算什麼？

心探索：你在微博上寫道：「當目前的你只能是你時，須調校的便是我而不是你，得放開的也是我。這是合作、相處和溝通的修養。」那麼如果一件事、一個人已經不能「好一點」了，那麼……

素黑：我調整。我沒有必要跟他對碰，不好玩，我就玩其他嘍。

人的改變，比較難。我書裡面有寫到，人有很大的限制：懶惰、貪心、混亂。要調整一個人，你需要非常大的母愛，要用愛心和忍耐去等待一個小孩長大，這種愛太大了。我常常等待人長大等得很累，這是我生命裡面最痛的經歷。

人應該學習stop，把你更好的能量分給更有機會改善的人。有些人執著在一個人身上，「我還是覺得他行」，花十年去培育一個自我放棄的人，為什麼？害多於愛。

我在書裡最後說：「少為別人添麻煩，少為地球添垃圾」。每一個人多一點點垃圾，這個世界就完蛋了。別小看一點點傷害，傷害播下一顆種子，叫創傷。如果我們嚴謹一點，抱著愛去關注別人需要什麼，盡量避免種負面的、惡毒的、造孽的種子，這個世界便會好一點，愛會更堅實一點。

（心探索微信公眾號：innerlight18）

準備自己

調整負能量前要準備什麼

花遇 the fondle

作曲 / 演奏：Paul Yip　樂器：鋼琴

在 YouTube 欣賞：
素黑《踏踏實實愛自己》- 第一章章曲：花遇 the fondle

情緒壞了怎麼辦

> 我們應拋棄思想的負擔，勿讓腦袋太活躍，因為幸福不可能從思想裡產生。

很多人都很想自愛，可惜不知道應該如何做才能平息內心的恐懼或怒火，更不懂得如何才能感到快樂。

快樂的人就是懂得愛自己的人，他們的情緒穩定，身心健康，有能力付出和分享，所以特別受愛人、親人、朋友和客戶的歡迎。因為他們的能量正向、陽光、穩定、平衡，讓人感到自在和舒服，所以人際關係特別好，也不容易樹敵，遇到壓力或失敗時能保持正面，不會感到自卑，不容易放棄或情緒搖擺不定。

那麼應如何自愛，管好情緒呢？

首先，我們應拋棄思想的負擔，勿讓腦袋太活躍，因為幸福不可能從思想裡產生。多留意自己的思緒。工作或生活上我們接收到太多負面資訊，如被愛人罵、被上司無理取鬧、受客戶的氣等等。這些負面資訊會充塞腦袋，我們會消化、詮釋、製造意義，然後表達相配的情緒。

譬如我們會馬上把聽到的話詮釋成為是針對自己的話，否定對方，覺得對方天下最可惡，然後覺得自己是受害者。原因呢？因為我不夠幸運，遇上這種工作環境，那是什麼令我非在此工作不可呢？是為了我那不中用的老公所以不得不忍氣吞聲繼續工作……這樣再想下去，所想到的便早已比所接收的資訊負面一百倍了。難怪我們在負面資訊的地方生活，很難避免變得負面，並有越來越自覺不幸、情緒抑鬱的傾向。必須馬上停止變得過度活躍的思緒。

辦法是即時排解壓抑，從活動身體開始。

一旦接收到負面資訊，我們會馬上表現不安、憂慮或憤怒等情緒，這些情緒會越積越加深，必須馬上調校過來。可以從最簡單的呼吸入手，這是最快也最收斂的平靜方法：

1 先閉上眼睛，把刺激自己的人物或事物「關掉」不看；
2 然後內斂眼神；
3 做腹式深呼吸。

壞情緒會通過呼吸和心跳的加速迅速增長，而呼吸是可以馬上以主觀意志和方法調校過來的。要馬上排除負面情緒，最有效兼最容易的方法就是做放慢的深呼吸，把氣回過來。這樣，很快便能穩定其他生理機能如心跳、血壓等，不致讓它們聯合起來作出備戰狀態，令你緊張不安。

更重要是，面對壓力和情緒失控時，在心態上別只想到迎戰或逃避兩種方法，管理情緒的更好方法，其實是立心接受。

接受是平衡身心健康的最高境界。接受一切的發生，正面地處理、改善，遠比努力否定或壓抑自己更有積極意義。

別胡亂翻開負能量

沒有覺知和沉溺的人，建議別在欠缺吸塵工具的情況下亂翻記憶的塵土，最後致病的可不是塵土本身，而是翻土的魯莽和愚昧。

朋友J那天跟我說：「素黑，我很羨慕你能看破世情，百毒不侵，不被情緒影響。我就是做不到，經常想起負了我的人、害過我的事。我想放下不去管了，不過看過很多書，聽過很多老師的講座，都說要拔起負能量的惡根，要勇敢地面對內在的黑暗面才能不虛偽，不逃避。真的必須這樣嗎？」

我回答：「不，你錯了，我並不是你想像的那樣。我跟你一樣，經常被負面情緒和記憶打擾，有時還會被困擾良久，難以解脫呢。」然後，我分享了一段近來坐飛機的小故事。

飛機座位本來就窄小，不幸坐在身旁的人是個目中無人的傢伙，不時越過我的位置，碰到我的手腳時卻毫無知覺，逃避接觸我的眼神，不時靠到幾乎貼在我臉上的距離大聲和附近的朋友說話，還會突然無聲地跨過我走出去小便。好吧，我理解有些人基於文化背景或沒教養的原因，對肢體碰撞和打擾別人欠缺基本的概念。可是全機滿座，離不開眼下的座位，投訴他也沒用，即使有人來調解，剩下的旅程還是得我和他親近地度過。和一個面黑且怒火上升，不知何時爆發暴力的人在這種失利的情況下交惡，絕對不明智。最初嘛，主動給他眼神、表情暗示，甚至開口先對他說「不好意思」表示他已打擾到了我。可是當他毫無反應時，第二重經驗便是自發悶氣。再有修養也會心裡憋悶地想：怎麼這麼不幸遇上這種質素的鄰座？怎麼有這種毫無廉恥、沒家教、沒品格的人呢？一輪「怎麼、這麼、那麼」後，負面情緒便湧現。

在負面情緒湧現的時刻，覺醒很重要。當你正在助長負能量時，受罪的只會是你而不是別人。想起夏天來臨後，家裡廚房忽然多了幾隻蒼蠅，怎樣也趕不走，老是喜歡黏在飯菜上，怎麼辦？當你真的沒辦法趕走惹人討厭也無法溝通的蒼蠅時，唯一能做的就是蓋好飯菜，再調校心情。沒必要為了無知但揮之不去的蒼蠅擾亂自己的情緒。

就這樣，我決定把身旁沒教養的乘客當成自己的親人，他碰到我就當是我家小孩一樣吧。閉目養神聽音樂好了。總有下機時候，大吉利是下不了機的話，也將會和他共患難吧。

寬容一點好，調校共處的氣氛，真的能平心靜氣過好剩下的旅程。

人人都有負能量。因為外在不可抗力的因素導致，也有情感記憶的負面後遺症。有些負能量是可以通過修養自己來處理好，有些卻需要學習清理和重整身心的自療方法，不能光靠所謂「勇敢」來翻開內在深藏的黑暗面。若不懂得正確的方法，後果可以很危險。

負面情緒大多來自負面記憶，不像由蒼蠅亂飛惹來的麻煩那麼簡單和容易處理。譬如失戀後遺留下來的傷痛記憶、被攻擊中傷後纏繞心頭的不甘和委屈、被冤枉後沒機會為自己平反的冤屈、慾望翻騰時無法滿足的難以自控、暗藏多時的感情或秘密鬱悶成疾、上一代遺傳給你未解決的複雜關係和心結……這些都可能是負能量的源頭。有些人會通過閱讀、上課、做治療等定期清理自己的陰暗面和積累的負能量。有些人會不時把舊賬、舊傷翻出來，沉溺在痛苦的快感中而不自覺。有些人死執不幸經歷的記憶不斷重播，捨不得離開痛苦所誘發的隱性享受。有些人則時時刻刻處於提心吊膽害怕創傷再來怎麼辦的憂慮中，負念一旦出現，久久無法揮去。

這些都是負能量活在我們身上的種種印記，像病毒或細菌一樣和我們同居一體，好親密的關係！有人問，有一種最好的處理方法嗎？

沒有，因為不同的負能量源頭和慣性也有不同的處理方法。

定期主動清理肯定是好的，但須要正確和恰當的方法才不致於把舊病變複雜甚至惡化。沒有覺知和沉溺的人，建議別在欠缺吸塵工具的情況下亂翻記憶的塵土，最後致病的可不是塵土本身，而是翻土的魯莽和愚昧。無能力駕馭的話，胡亂翻開負能量的潘朵拉盒子會很危險。

你可以做的，是平時裝備好自己，學習管理和平衡負面情緒的方法，跟突發或再來的新舊負面記憶和平共存。要做到，首先要學懂認識自己的身體。

認識自己的身體

希望了解自己，必須先從身體開始，而不是內心世界，前者是通往後者的入口。

不少女人告訴我，她們有時覺得情緒莫名其妙，無故傷心，忽然浮躁不安，脾氣轉差，過幾天又沒事了，很不了解自己，卻希望別人能了解她。

了解自己從來是自己的責任。中國女性有封閉身體的傳統，對身體各部分的了解甚至形態都不清楚，不願意也被禁止主動認知、探索和開發。影響尤其大的，是女人對自己的生理、情緒和性慾的無知。希望了解自己，必須先從身體開始，而不是內心世界，前者是通往後者的入口。

舉一個例子：子宮。

子宮除了是生育器官外，更是了解女性的特質和情緒狀態的重要器官，也是重要的性器官。很多女人都沒有注意到，當她們情緒不好、壓力大，甚至剛做完噩夢時，身體最大震動的部分除了是心臟便是子宮，提醒你需要自我舒緩。性愛中的快感令子宮收縮，尤其在高潮時抽搐得最厲害。所有能達至性高潮的器官如陰蒂、陰核、乳頭等，最終都以子宮的抽搐為終點，完成美麗的能量振頻。抽搐所產生的振頻是女性的能量來源，也是生命的神秘來源。

可悲的是，子宮在西方醫學一直被視為「無用的、只懂流血、製造病徵和有潛在癌症危險的器官。」婦科醫生會告訴你切除了子宮一勞永逸，以後不再為永不準時的月經和苦不堪言的經痛憂愁。在古代西方，婦科醫生更會和丈夫及父親串謀，把不聽話的女人送上手術台，管她們只是吃得過多、嚴重經痛、企圖自殺、自慰或者淫蕩，總之把她們的子宮切除會令她們安靜下來，變得有調理和更聽話。當然，現代醫生積極鼓勵切除子宮的背後，是那龐大的手術和事後終生藥物需求的利潤。

還有，女人的陰道。

很多女人從不敢看自己的陰部，更莫說要去摸她，撫慰她。沒有探索過自己陰道在不同情緒和慾望時的變化，根本不可能享受真正的性愛，和了解自己的能量彈性和生命泉源。陰道是世上最包容的地方，和子宮聯合孕育生命和愛。女人的性都附著愛，那是男人沒有的身心靈獨特結構。女人想了解自己尤其是情緒，可以從子宮和陰道開始，關注經期和性需要週期，觀察情緒和它們之間的生心理關係，長期記錄下來，你會發現，原來莫名其妙的情緒，可能不過是排卵期的生理反應，犯不著讀入太多其他的意義和原因，幫助自己減少很多不快樂的理由。

向子宮和陰道收放自如的自然美和大愛致敬，認識身體與情緒緊扣影響的真相。

提高逆境應變的準備

我們無法左右可能將要降臨身上的噩運，但我們可以先準備好身心，提高逆境智商和應急辦法。

當金融海嘯、股市大跌、樓市下滑、經濟不景氣時，大家憂心的是大裁員，什麼時候會輪到我？加上家事感情事諸多憂患，形成都市人隱藏的心理殺手：焦慮症。

焦慮會伴隨一連串情緒病症，如心悸、失眠、食慾不振、腸胃不適、精神衰弱，因為緊張和壓力導致胃痛和便秘等等。

壓力結合社會大衰退氣候能擾亂人的心理，干擾了身體，肉體也受苦。惡性循環，身體受苦又回來影響心理，導致更嚴重的情緒低落。

我們無法左右可能將要降臨身上的噩運，但我們可以先準備好身心，提高逆境智商和應急辦法，訓練自己臨危不亂，處變不驚。讓我們先冷靜一下，看應從哪裡入手，解決問題。下面是兩大調整方案：

1 以身體健康為首

身體不好的副作用是要多花開支在醫療上，而且身體不舒服會影響心理，讓情緒更失控。嚴重影響情緒的兩大元兇是失眠和便秘，必須優先治療：

調好睡眠：失眠是情緒和惡疾的第一兇手，長期失眠的人會急劇衰老，病痛也會比睡眠足夠的人倍增，醫療開支也相應提高。關於調好睡眠的方法，見本書第三章「和失眠做朋友」。

調好便秘：長期緊張導致腸臟不蠕動，便秘會影響情緒，容易變得暴躁不安，這是體內毒素越積越多的結果。要趕緊醫理，別拖。關於調好便秘的方法，見本書第三章「放生大小便」，也可參考《愛在 136.1》第二章「自我管理」部分的說明。

2 改變消費習慣

害怕可能失業、失婚而導致陷入經濟危機是沒用的，不如積穀防饑，學習基本的理財：

減慢消費：應花的花，應省的省，只要抱持簡樸生活的原則，你會發現原來平常花了很多不必要的開支。舉個例，很多人喜歡用盒裝紙巾，只要有一盒在附近，路過看到，會無意識地順手抽一兩張，抽後才發現其實沒什麼用途，只是慣性的手勢。下次要抽時，可以多想一下，是否真的非用不可？平時三五天用一盒，現在可能兩星期才報銷一盒。

慎重消費：二、三百元價值的東西，以往你可以毫不考慮便買下，現在可以把這調到八十元以上的東西要再三考慮才買。中環上班族平時午飯的開支非常大，動不動每餐花一百幾十。不妨計劃自帶午飯，把午飯開支大減一半。

取銷信用卡：讓自己不再擁有亂花錢的條件。卡沒了，你會發現一個月內可節省起碼一半消費，也除去付高息找卡數的心理壓力。

學懂審視治療師

尋找一個適合自己的治療師是相當重要的，對治療師初步的了解，是對求診之心的尊重和重視。

朋友的朋友遇上情緒問題，託他尋找適合的治療師。朋友找上我。我讓對方先給我直接發電郵，親自填寫基本的問卷和資料。見面時，我第一個問題便問她：「你對我知道多少？」

對方啞口無言，不清楚呢，朋友沒告訴我啊。我說：「你應該先問清楚，這是受療者照顧自己的責任，別抱博一局的心態，把自己交給一個完全陌生的人。」

我見客人一般必須先了解對方的基本資料和問題所在，他們要先填寫提案表格，讓我對他們有初步的認識，事前度身訂造一些可行的、讓他們能自療的方案，見面時再補充諮詢。我不希望像一般治療師或醫生一樣，見面時才問對方問題在哪，浪費時間。兩個陌生人碰面，怎能在短時間內了解對方，賦予協助呢？

同樣，我對受療者的要求也一樣，希望他們先初步了解他們要見面、把自己的困擾告訴的那個對方是什麼人。治療師也是常人，每個人都有獨特的脾性和風格。尋找一個適合自己的治療師是相當重要的，對治療師初步的了解，是對求診之心的尊重和重視。遇上醫德有問題的醫師，或者誤會了治療師的專長，又或者找上跟自己不能共振的人，只會為治療經驗帶來負面影響，對病情沒幫助甚至帶來壞後果。

當然，要了解一個治療師，比了解一個受療者更難，因為，受療者的問題是明顯的，他們起碼能看到自己表面的問題，需要表達哪些問題。可是，治療師對於受療者而言根本沒有問題，也不需要表達他們的問題，所以第一次碰面前，只能靠口碑，或者讀過對方的著作，看過對方的新聞採訪之類而決定是否要見他。這些都是受療者要事前做的功課。譬如自己根本不想吃西藥的，便不要試著去看西醫；同樣，怕被針灸的話，便不要聽人介紹去見一個以針灸為主的中醫，見面後發現要插針才後悔。見另類療法的醫師要事前清楚知道那是一種怎樣的療法，跟主流的醫術有什麼分別，你是否真的希望嘗試。更重要是你是否相信那套方法。

治療是否有效果，很大程度取決於你是否願意相信醫師，跟他合作，和他互動，對他和自己坦誠，願意經歷所建議的治療過程。

每個人的體質和對待自己身體的方式都不一樣，要尋找適合自己的治療師，不能靠運氣或光聽別人介紹，主動多認識治療師的背景和風格，其實也是幫助你自己。

身心靈體驗必須從身體出發

身心靈的關鍵在於讓自己先對自己的身體敏感，打開生命最具體的載體，實實在在的血肉之軀。

現在流行一個詞：身心靈。讀關於身心靈的書，上提升身心靈的課，把它當作是「心靈」的代詞。甚至有人會誤以為談身心靈、進入身心靈活動，就是準備出家修行。總之追求身心靈，生命便會起變化，不再一樣，不再世俗。

大家對身心靈的聯想，可能還停留在很玄的所謂靈性的層次，其實抓不住具體。要了解身心靈是什麼，必須先從「身」體開始，再進入「心」理，然後才到達「靈」性的界域。簡單的說，身心靈是修養生命的步驟，先從關注身體開始，而不是甚麼靈性、修行等。

身心靈的關鍵在於讓自己先對自己的身體敏感，打開生命最具體的載體，即是每個人擁有的、實實在在的血肉之軀。如果你沒有打開身體非常敏感的部分，你不可能體驗敏感的心靈感受。心靈感受最震撼的層次便是我們常常說但抓不著的愛。

真正到達靈或愛的人，必然是個平靜的人，經歷過激情、悲傷，最後進入平衡的情緒、穩定的感覺，這狀態的人能量最好。真正體驗過愛的人是個非常謙虛的人，願意分享愛，會感動，會感恩。他心裡不是沒有任何負面的東西如恨和憤怒，但他不同於別人之處，是懂得觀照自己，把負面情緒轉化成正面能量，不被影響和操控，不做負面情緒的僕人。愛和恨原是同一道能量，如果你真的擁抱著愛，你不會把它轉變成傷害的能量，也不會覺得一個人很寂寞，因為愛的能量像海洋一樣大，你會感到謙虛，會學習，會微笑。這愛的體會最初的起點，是跟身體連結在一起的。

我有一個很深刻的體驗。十多年前出走英國，在陽光下站樁，我第一次愛上自己在陽光下變得透明的身體。以前的我只會概念地「關注」身體或健康，但那次我是愛上了身體，那種愛不是概念，那是具體地感受到身體的存在就是生命的存在。那具體的溫度，具體的光線，莫名其妙從心裡湧現的能量是那麼的溫暖和喜悅。那就是對生命的愛，那感動從身體滲出，那感覺是強壯的，像太陽的力量，它是無窮的、無私的、平等的。那是從生命（身體）體驗具體的愛、博大的愛。

希望平靜內心的人，別費勁向外尋找得道的方法，先回到最基本，愛好自己的身體，才能安心，送走焦慮，最後感受靈性的、和平的喜悅。

別走向靈性的混亂

所有事態都有其對立面，不要抽離語境去理解和實踐任何道理。

近年追求靈性智慧、閱讀心靈書籍或學習靈性生活的人日漸眾多。不過，這些走向所謂「靈性」的人，並不一定能藉著多接觸啟發心性的智慧而順理成章地提升心智，有時思想反而變得越來越混亂，甚至走向極端或迷失。

我們讀到某些啟發心靈的道理時，最初認同了觀點A，以為找到了人生答案，可是遇到貌似相反的B說法時，卻像被欺騙了一樣。天，原來相反也是對的，那什麼才是真理呢？什麼才是最後答案呢？我們掉進了心存疑惑、似是而非的陷阱。

尤其是當你心緒混亂時，讀過再多的心靈啟迪和智慧書籍，聽過再多的智慧大師的開示，還是會搖擺失向，或者墮進混淆的思想陷阱，用似是而非的所謂覺悟來解釋事情，故意或無知地混淆是非黑白。

譬如你認同這道理：每個人都要對自己的言行和情緒負責任。

但假如你只是利用了這道理來扭曲是非，讓自己好過的話，你便是虛偽。如當你正是製造傷害的元兇時，卻用這大道理來替自己清洗責任的話，你不過是個利用道德和道理來佔便宜的偽君子。

假如你其實並不是刻意自私和自保，你便是只參悟了一半的大笨蛋，看不到事態的全面，分不清楚雖然處理現在的情緒是對方的責任，但同時也是勾起他的情緒的你要負的責任。

我們不能抽離特定的語境和事態來定案，為立偉論而立論。我們容易借助偉論當藉口，推卸應負的責任，這就是虛偽。

我在《愛在136.1》第五章「你混亂了」仔細分析了這個問題。對於所謂能開啟心性的論述或道理，我們不能要求單一的定義或解釋，因為這些道理的目的是訓練開放的閱讀，反對單一的詮釋，助你打開更多視野和心胸的度向。因此在不同的情況下它是可以有不同的詮釋和道德標準的，並非自相矛盾，反而是互相補足，增加開發智慧的深度。

開啟心性的道理跟一般的是非式邏輯句義不一樣，前者會因其特定的語境和旨意而改變意義，後者卻有固定的定義。看這兩個貌似矛盾的道理：

道理1：生命到最後沒有誰欠誰。

道理2：當你浪費別人的感情和時間時，你能如何償還欠他的債？

就語義上，這兩個立論都是自相矛盾的。不過，我們要學習注意一點：兩個道理都是正確的，因為它們分別指向特定的語境：

道理1是開啟心胸的說法，對象是太執著於計較的人。當你老是覺得別人欠了你，或者你欠了別人，你一生也活在自困的內疚或不甘中，無法解脫。

道理2是提點式的說法，從具體的情況敲醒你別再逃避責任，別再因為自私或貪念剝削別人為你付出的感情和時間。這句的重點在責任，不在欠債。

我們現在應看穿一個道理能有多重層面，別篤信非A則B這種絕對性的信念方向。深層次的道理都不可能只給你一個絕對的詮釋，就如說：「做人要誠實。」假如你無法按不同的場景或語境作出適當的調節，譬如被一直騙你的情人問你還有多少錢可以借給他時，你本著做人要誠實而坦白告訴他你還藏有哪些財產的話，你便是沒救的大蠢材，只懂得守戒，不懂變通，無法從道理中提升智慧。別委屈地自憐，問為何你做人那麼誠實那麼好，上天還要這樣虧待你，它自有公平的時候。

所有事態都有其對立面，不要抽離語境去理解和實踐任何道理，不然只會令你脫離事態，越想越混亂，善惡不分，搖擺不定，最後什麼都不敢認同和相信。

調好心態

18種調校心態的方法

懸念 other side

作曲 / 演奏：Paul Yip　樂器：鋼琴

在 YouTube 欣賞：
素黑《踏踏實實愛自己》- 第二章章曲：懸念 other side

在最傷痛的時候更謙卑

只好謙卑地學習愛，做好一個人，
少為世人添麻煩，少為地球添垃圾，
這生已滿有成就。

最傷痛的時候，也是洞見生命奧秘的最好機會。

先想說一個護理師的故事。

她的工作是治療別人的傷口，她也拯救小動物，非常珍惜地球資源，平時連一滴水也不願意浪費，紙巾在家裡是絕跡的東西。大家都覺得她像天使一樣大愛人間。

因為工作的關係，她面對的人群都是帶著傷痛而來的。在護理過程中，經常需要她提供專業的傷口療癒。對不聽話的病人，她有時也不得已需要責罵，令病人覺得難受，因為她深知只有被說破了痛處，人才肯乖乖學習照顧好自己。對作過惡的病人她並不嫌棄，一心只想通過療癒感動他，讓他得到重生的體驗，親身經歷過痛有多苦後，不再為別人帶來傷痛。遇上無恥的病人，她會提醒他學習懺悔和謙卑，這種尤其惡劣的病人，傷勢都會奇跡地因此而得到改善，離開時眼睛發亮，感動地抓著她的手說謝謝。

在護理的世界久了，什麼個案都遇見過，痛的種類和症狀繁多，看慣了病症，她也開始訓練出一眼能洞見新痛症的來龍去脈，並幾乎能馬上斷定要怎樣醫治、痊癒的機會和時間，甚至哪些個案是無藥可醫的，只能交給天。

接觸痛症太多了，卸下護理服後的自己，即使受到眾人的讚頌和敬仰，也難免感到孤獨異常，每天在苦海中擔當救生員，付出相當多的愛，可自身也難免沾染了過多的痛苦基因。她有個微小的心願，希望在放下護理員身分後能當個單純、依賴和天真快樂的孩子，在無條件被愛和照顧的安全感裡好好地休息和歡笑。可惜，有時我們也會問上天，為何那麼好的人，偏偏都得不到被愛的福分，總是找不到幸福的愛。

她經歷過幾段戀愛，每次都非常傷痛地結束，無比受傷。即使她一直以最大的愛去包容愛人，鼓勵他們向善，最終愛人還是將她傷透後一個又一個地離開。第一段關係結束，她希望不再被剝削，要求前度把欠她的錢還她。第二段關係結束，她只求了斷，不再活在壓抑和恐懼的生活裡，從此自由過活。第三段關係，她一而再地被伴侶欺騙、拖拉、不兑現承諾，被耗盡了一切的信念、愛和氣力，最終還是被無情地拋棄。第四段關係，她替伴侶療傷，待傷口癒合了，他竟突然要走，並且告訴她，她前生欠他的債已還了，他的傷口是她前生深深傷害的，她現在的傷痛也是自作自受。

她覺得一直被上天玩弄著。一個大好人，為人療傷付出愛，為何反而要受如此大的傷害甚至侮辱呢？是人生無常，抑或是可以避免的人間悲劇？

最痛、最絕望的時候，也是重整人生的時候。她回顧自己的人生，擔當護理員幫助其他生命的任務可能不是偶然的。她需要去付出愛，處理傷口，通過承擔最大的傷痛才能明白別人的痛，懂得怎樣去醫治，代價是必然的孤獨。有修行者說是因為某些治療者慈悲，甘願犧牲自己去治好別人的劣根，忍受過程中的孤清和被傷害。也有說，今生要做療傷工作同時要受重大創傷的人，前生應該是深深傷害過很多人，這生才需要還債，孤清和被傷害是逃不了的，這是因果定論。

當善者遇上最痛的經歷，可能是源於慈悲所以要受苦，也可能是自作自受的因果業力。誰能看清楚和定案？在覺得沒有被上天眷顧，在感到被無辜傷害的最痛時候，假如已問心無愧，做了自己能做到的最好，沒有傷害人，沒有佔過誰便宜，做了一個善者應有的言行的話，他還能做什麼？

要學習謙卑，比認為已做到的更謙卑。

為什麼？因為我們無法明白在自己身上發生的不公平、欠天理等事情的緣由。最困擾我們的是看不清因，卻結了果。也許是自己真的曾經種下惡的種子，因果報應，那只能繼續懺悔，放下自大，默默修行自己；也許是一種磨煉，讓自己更謙遜地尊重生命，修煉更大的慈悲。說白了，人生走得越遠，越明白我們所知道的實在太少，甚至一無所知。只好謙卑地學習愛，做好一個人，少為世人添麻煩，少為地球添垃圾，這生已滿有成就。

如何才能延續平靜

我們要改變的，應該是以為混亂不安才是生命的原形這負面的想法。

某次到香港大學演講，完後一位女學生走上前來，說聽完我談自愛、談愛後，感到心裡非常的平靜，即使是激動地流淚，也是充滿喜悅的平靜。她問我如何才能把這份難得的平靜感延續下去。

另一次在廣州番禺辦了一次靜聽愛聲療工作坊。在「觀音」自療後，在特別設計的黑洞自療後，有學員很感動，說得到一種前所未有的平靜，內心很舒服，很溫柔，可是又擔心離開工作坊後，這種感覺會不會打回原形，如何才能延續下去呢？

這是很多人都會問的問題：如何才能延續平靜的、舒服的心靈狀態，不想失去它，打回原形。

打回原形，這想法才是讓自己無法抓緊平靜的源頭。

我們都以為心煩氣亂，痛苦不安才是自己常態的「原形」，要靠外在的力量改變過來，才得到一剎那的平靜，馬上又焦慮會失去。我們要改變的，應該是以為混亂不安才是生命的原形這負面的想法。

何不倒過來這樣想：生命的原形原是平靜安詳，永遠有個中心點，一個讓人安心回家的定點，像返回母體子宮的安全感覺，那正是我們的心。

回到內心，找到安頓自己的地方，放鬆，微笑，自在，享受平靜的快樂。人原來早已擁有這安靜窩，只是遇上外邊打擾人心的煩惱人事，才會動搖，心煩意亂，左搖右擺，患得患失。要延續平靜感，就是讓自己隨時隨地記得返回內心平靜的原形，這樣就不會害怕情緒反彈，能延續平靜，像呼吸一樣，無聲無色，永恆存在的生命愛撫。

關鍵是調校心態，和學習方法。

讓心平靜，希望延續，便要先準備好地方安放自己的心。那是一股很強的信念，相信自己的內心對自己不離不棄，永遠保護自己，愛自己。無論遇上多大的困難或創傷，心還是不離棄我們，還會跳動，保護我們或者已累透想放棄的生命，心是我們最後也是最強大、最可靠的守護者。我們都要一個安定的家，安全的家，心早已是我們生命最需要的安全島。

談延續平靜，應從返回內心開始。在那裡安靜，改善呼吸狀態，內斂眼神，別流失不必要的能量。少聽多餘的電話，少發多餘的短信，少看多餘的電視，多返回內心，返回平靜的生命原形。平靜的愛自然會延續不斷地在心裡開花，不愁失去。

借村上春樹的話：世上有不會失去的東西，你最好相信。

調校記憶為進步的動力

所有的記憶都是我們賺回來的生命體驗，
再痛也是給我們成長的機會。

我們都活在記憶裡，而記憶讓我們大部分時間都是痛苦的。不是因為經歷的大都是痛苦事，而是我們傾向牢牢記住傷痛的記憶，忘記讓我們快樂的記憶。

記憶並不是事實的全部，或多或少不過是我們堆砌的劇情。記憶像電影一樣，可以編導和改編，把我們潛意識裡想出現的、忘記的、聽到的、看到的一一放進去，像佈置聖誕樹一樣，把喜歡的飾物往上掛，也像日本人過七夕一樣，把心願掛在許願樹上。

記憶是堆積願望的結果，堆砌的結果卻並不一定美麗，願望樹會承受不起超載的重量，有一天會倒下。堆砌的東西，煩惱比自在多。

記憶是很個人的，當然也有集體的記憶，社會的、國家的、歷史的、文化的，加起來便是所謂「事實」，和「自己」的歷史了。就像堆沙堆一樣，慢慢堆成一個想像中的我、記憶中的我。其實還有太多經歷被篩掉了，沒有被放進去，只看到堆起來的我，老是不願意放下，變成執著，痛苦便來了。

我們記憶中的自己，只是想要的自己。

也因為這樣，我們過分重視童年記憶，尤其是遇上不快事時，往往回到童年的不幸記憶，為現在的不幸際遇找原因、找藉口。無疑，童年經歷對一個人的成長影響深遠，不過當我們明白記憶是會隨著歲月不斷被堆砌和改編的話，便不應過於迷信，應放鬆一點。放眼目前和將來，比投射過去更能建造生活的正面力量。

童年曾經受過怎樣的傷害，造成現在怎樣的性格和際遇，都不應太過沉迷，也不應設定為現在活壞的遠因。我們要讓自己長大，每天更新過去，原是做人的責任。

我們長大的背景是父母要肩負的責任，但長大後變成怎樣，大部分情況下也是自己的責任，不能推給過去，逃避面對現在的自己。

更重要是，記憶可以是進步的動力和參考。經歷過、犯過錯、愚笨過、成功過、失敗過，都是生活的教訓、成長的功課。經歷是美好的，不管是喜是悲，都可以是讓人成長的力量。同樣，別忘記或忽略了我們應該讓自己活得更好，製造更多美好的記憶，讓它的數量超越負面的記憶，令人生溢滿美好。

人生總有很多傷痛的記憶，同時也有美好的記憶，受什麼影響，在於我們願意選擇回望哪一面，放下哪一面。

過去的記憶都不能選擇，但面對的心態是可以選擇的。所有的記憶都是我們賺回來的生命體驗，再痛也是給我們成長的機會。因為愛，所以更重視那種痛；因為自愛，所以更避免再讓自己受傷。這便是成長。

培育存好心的心態

存好心是一種覺知，它本身不只是一種心態或人格，更重要是它是一種精神的力量，具備反省能力，能為自己和別人帶來和諧和安慰。

寫過一篇題為「良善是不夠的」的文章，收到不少讀者來信，分享他們認同善良的人容易受傷害和被佔便宜。也有人真的自我反省，坦言自己原來真的無法不求回報地做好人，知道不應再假裝偉大，做好事其實為有好報，後果不如理想便埋怨，終於明白自己常常不快樂的原因。

佛家說：「做好事，說好話，存好心。」人人表面認同，但在現實生活裡，能貫徹認同和付諸實行的人，可以說幾近零。大部分人為何都不敢做好人？理由除了在險惡的社會上容易吃虧外，原來大家最多只能做到前兩樣：做好事，說好話。

做好事不難，有災難捐一點錢，舉手之勞幫人買東西，甚至公餘做義工，為自己積福。說好話也不難，當然大部分不是真心話，說表面好聽的話取悅有利害和權力衝突的人，也是自我保護的生存方法。真心懂得為調校正能量而說好話的人已經不多，所以能做到真心說好話，希望別人好，世界好，這種人的心已非比尋常地美好。但我們都知道，說好話不能為世事改變什麼，只是讓人心裡好過一點而已，也未嘗不是好事情。

但存好心，真的很困難。

存好心的條件在於必須擁有一顆純潔的心，人格上需要無私、奉獻和博愛，才能把正念常存於心，不管個人或外在遇到任何困難，都能先正面面對，發動正能量解決，改善和轉化問題，大事化小，小事化無。存好心是一種覺知，它本身不只是一種心態或人格，更重要是它是一種精神的力量，具備反省能力，能為自己和別人帶來和諧和安慰。

存好心的人把良善和行為時時刻刻緊扣在一起，不是講一套做一套的概念式好人，而是言行一致的真好人。這種好人很有力量，不怕被佔便宜或傷害，即使受傷也不會怨天尤人，也不會因為失望而不再良善，反而更重視和珍惜為善的重要性，為維護良善更不願意隨波逐流，日漸變質。

培育存好心的心態能令人變得積極、鼓舞，改變人生，它是一種心理靈藥，能解萬難，你會發現存好心的人活得最堅強，不偷懶，打不死。存好心的人未必活得最快樂，但他們的和平不會製造傷害，所以能成為世人的明燈和希望。因為世人活好，他們自然也感到快樂。存好心的人活在神聖的祝福中，感謝他們讓世界多一點美麗和希望。

以願力影響際遇

所有的記憶都是我們賺回來的生命體驗，
再痛也是給我們成長的機會。

聽過「吸引力法則」或「心願力量」(mind power）精神導向的說法？意謂當一個人的念力很強，通過誠心的祈禱向宇宙發出訊息，希望某些願望會實現，這種願力會變成很強的能量訊息，可以調動自己的各種潛能跟外在環境協調，從而改變命運的軌跡，達到心想事成的效果。

簡單的說，就是願力能影響際遇。

正面的願力讓人跟外界產生和諧關係，平和心情；相反，慣性的負面願力同樣會讓噩運成真，自己導航不幸。

際遇不好時，我們慣於怨命，發出負面訊息，自編自導自演自己的命運。可是，人生苦短，我們應該珍惜時光和生命能源，將生命劇本改編得更好。

我所接觸的眾多個案中，太多都是主人翁的負面導航力太強，自導命運，即使碰上再好的機遇，也會被閱讀或轉化成負面的訊號，不斷給潛意識負面的暗示，尤其是當遇上稍為不順境時，悲觀想法會雪上加霜，將逆境變成災難。

I Am What I Think，我是我所想。

挫折是人生中必經過程，別以抱怨或執著面對，應讓自己勇敢地經歷和渡過，學習管理過程中的情緒變化，這樣的態度才算成熟和積極。每個人的命途大同小異：曾經悲喜參半的童年和青春期，不盡完美的愛戀，事業家事每遇挫折，擁有一兩個知己，大堆不想見但要應酬的「朋友」和同事，贏過輸過，開心過悲傷過，可是這些都不足以讓人困在受害者的角色中。其實，在大部分情況下，我們都算是幸福的，在乎我們是否懂得珍惜，看到幸福原在平安和健在中。當身邊還有可擁抱的人，親朋還沒有離棄自己，身體還算健康，還有工作和微笑的能力時，你已相當幸福。

人生際遇是隨機和緣分的安排，但更多是願力指揮的結果。人生出現太多不能解釋，沒原沒由的狀況，活著的責任不是去管萬事萬物的成因，那是學術研究，哲學探求，但並不是生命意義的全部，更不是解釋活得不如意，或者被命運作弄的藉口。

際遇不順，與其怨天尤人，不如自我反省，是不是自己發出了過多不幸的訊息，導航了自己的命運？沒有起伏的人生，才真的被命運遺棄，但面對起伏的人生，可以抱著寬容的態度，這樣做不能改變世界，但可改變心態，讓生命好過一點。

重新導航正面和自愛的心態，幸福自會靠近。

為別人祝願

一切活得好，過得好，整體便會改變，
自然也會回饋屬於整體存在的你。

祝願是很美好的心性活動，不論你是強壯還是脆弱，不論你富有或貧乏，有沒有信念，你也會默默地許願，願意一切將會變得更好，一切會有轉機，一切會不再一樣。尤其是，當你遇上困難、無助時候。這是每個人最深藏的小秘密，也是藏在心中小宇宙的正能量。

很多民族不約而同，在新年都有祝願的傳統，反映的是我們需要一切會好起來的寄望。寄望是一種禱告方式，一種心靈需要。記著一句簡單而正向的說話，容易讓我們心安，是定心的一種方法，也是心理安慰。即使沒有任何人或神向我們保證這句說話會實現，是可信的。但是，我們寧願相信，因為這樣會好過一點。

一句簡單的鼓勵語，也可以提升自信，鼓動自己進步、向前走的勇氣。我常常送兩句自負、自傲一點的話給自卑的客人：So What?（是這樣又如何？）Why Not?（沒什麼不可以）。當我們情緒不好，自信滑落時，需要提高信念，向已發生的不如意事說 ok，而不是說不。前者是肯定的，後者是否定的，能量不一樣，所產生的效果也不一樣。

先肯定已發生的，再提升自信，這樣才能有能量面對困境。遇到不快事，可以問自己一句：是這樣又如何？是又怎麼樣？不能這樣嗎？沒什麼是不可以的，因為我們還有更好的將來，這一刻的一切再差勁，很快會過去，我們可以改變，因為我們有信心可以變得更好。能對自己說 So What 和 Why Not，比叫自己加油更好，因為你沒有否定已發生的一切，你接受已發生的，轉化當下的負面感覺，願意往更好的方向進發。因為你沒有停下來自困痛苦中，所以你不再執著現在，你走得起，勇敢得起，生命不再一樣了。

我曾在剛搬到的新居，在空空的白牆上掛上兩張親手寫的書法小幅，一張是：「沒什麼大不了」，另一張是：「感謝一切的發生」，是給自己的禮物，默默祝願自己。「沒什麼大不了」是意願多於實情，我們都需要這句安慰的話養活意志。感謝一切的發生，別為過去下判斷，面向前方，感謝所發生的，祝福將發生的，一切都會更美好。心胸豁開了，還有什麼需要執著和憂愁呢？

祝願自己之餘，我們還可以進一步調校心胸，為別人祝願。

試放下自己的想法和願望，先從別人的角度想想，你是他，你需要什麼？你能怎樣做？能做到多少？試從別人的角度設想，是讓事情變得更自然和舒服的方法，一切會以最合乎自然和適應各人的狀態而作出調校，讓關係變得更和諧，而非一廂情願地祝願，或盲目地祈福。

不妨嘗試純粹站在別人的角度，為他們祝願。放下自己的願望，祝願伴侶自在快樂，祝願子女開心健康，祝願公司能回饋社會，祝願政府多為人民而非商家政客著想，祝願地球安享天年不被破壞。一切活得好，過得好，整體便會改變，自然也會回饋屬於整體存在的你。

每樣事情的發生都不是單獨的，總有或多或少的因果關聯。大家活得好，自己也受惠。先從別人出發，放下自我，你將活得更心安理得，不再需要虛弱地向誰祈求什麼了。

享受正在做的事

享受正在做的事，把心放慢，變得溫柔，尊重所做的每件事情，哪怕是最簡單不過的起居活動。

她有情緒病，先是暴食症，醫好後抑鬱依舊在，還不時有暴食的陰影，所以一直努力遏止自己的飲食需要和慾望，甚至有自殺傾向，結果不斷助長自毀的想法。原來她吃東西時都是很緊張的，懷著憂心的心情，吃後很不安，心情壞了，呆著不活動，沒運動，結果更擔心會肥胖，想到沒出路便心灰意冷，想到死。

問題在哪裡呢？光是吃東西，若不是狂吃的話，不會容易失控地肥胖。問題在於，吃東西時情緒不好，或者因為其他壓力導致身心需要發洩的話，進食便成為放縱負面情緒的手段，借進食發洩負面情緒，把進食和負面聯想混合，惡果便降臨。

是有方法調校這種負面心態的，可以嘗試最簡單最容易能做到的方法，就是學習享受。

壓抑自己的行為是負面意識，加添負面記憶，助長潛意識製造更多負能量，蠶蝕你的正能量，讓你不安、疲累、放棄，甚至自毀。釋放是自療的方向，但如何釋放很重要，搞不好變成放縱，便是另一種沉溺，回頭又是壓抑，沒完沒了。

享受正在做的事，把心放慢，變得溫柔，尊重所做的每件事情，哪怕是最簡單不過的起居活動。重新關心生活細節上的每一步，吃每一口食物都帶著讚美和欣賞，慢慢地吃，打開五官地感受，讓自己變得細心。壓抑的人都是粗心的，為了抗拒而拒絕，而拒絕是粗暴的行為，影響心情，對自己和別人都不好。

在享受所做的事之前，應多做一件事前準備，就是給身體一個激活反應的訊息。

長期處於不動狀態下的肌肉會麻木，情緒保持低水平，因為快樂和興奮的激素沒有被分泌。再懶的人也有懶惰的運動方法，讓身心馬上振作起來，別找藉口逃避。

這是釋放情緒沉溺狀態的「最懶」方法：用指甲敲打自己的臉，讓五指在臉龐上舞動，你會發現臉部的穴位被激活了，感到微微的脹痛，負面沉鬱的狀態會被這突擊的輕量刺痛敲醒，負能量馬上被分散，腦袋也不再集中在一項負面思想上。鬧情緒的人，若能在每次病發時，思想傾向負面時，馬上敲一下臉龐，甚至用手掌拍打自己的臉幾下，清醒的意識會馬上回來，身體作出反應，這時你的注意力便會被分散。還要馬上站起來，別坐著不動，走走路，做一點事情。注意，關鍵在活動，不要讓四肢停滯不動。然後返回享受做每件事的方法上，情緒便會被正面轉化。

感恩的心念讓你變得更溫柔

感恩的力量能化惡為善，甚至能救你一命，是給眾生最慈悲的禮物。

感恩是一種溫柔的力量。

醫學博士楊定一在曾經風行一時的著作《真原醫》裡強調人要行感恩、懺悔、希望和回饋，通過服務貢獻自己才最快樂，而一個人回到心，就沒有「我」了。他有個修煉心性的方法，就是不斷說「謝謝」，從早上睜開眼睛謝謝身體，到別人罵你還講「謝謝」，便能完成心的轉變。幾年前他和神職人員合作，在瓜地馬拉一塊寸草不生之地，教導當地民眾每日對土地表達愛與感恩，其後土地竟能種出比手臂還長的紅蘿蔔、比頭還大的萵苣等有機農作物來。

香港的志蓮社工做過一個實驗，在公公婆婆面前把剛煮熟了的米飯放入三個玻璃瓶內，在瓶上分別寫上「讚美」和「責罵」，沒有寫的那瓶是「不理會」。

然後每天拿寫著「讚美」的米飯給公公婆婆讚賞，也讓他們天天咒罵寫著「責罵」的米飯，也不去理會沒寫字的米飯，把它放在角落。三個月後，「讚美」的米飯仍然雪白還帶點金黃色，只是底部有一點發霉；「責罵」的米飯出現發霉並嚴重出黑水；「不理會」的米飯也嚴重發霉和發黑。

我們也聽過《水知道答案》的作者江本勝博士所做的實驗，證實心念的力量可以改變水的分子結構，使水結晶呈現不同的面貌。譬如當水看到寫有「愛與感謝」的字眼時，透過顯微鏡能看到水能綻放出花朵般美的絢爛結晶。

很多人問我怎能在每天吸收極大負能量個案時還能保持心境平衡和安靜。我的穩定和安靜不是因為走運沒有遇上不幸事，而是因為我在日常生活每個細節上大量地感恩，哪怕被嚴重傷害時都不忘感恩。

我們得到什麼啟示了嗎？感恩的力量能化惡為善，甚至能救你一命，是給眾生最慈悲的禮物。

我曾在不同地方的公開演講和修心工作坊裡，特別強調人要修養自己，可以從感恩開始，學習對每個際遇懷感恩的心，因為我們的生命，每天的生活，都不是一個人的功勞或功德，而是由很多看見或看不見的人集體築成的。每天乘坐的升降機、電梯、車廂等，不時有人替我們清潔；每天吃的米飯菜蔬，背後是多少辛勞農民的汗水；每天清晨讀到的報紙，是多少編輯記者印刷工人趕夜開工的成果。我們要感謝有乾淨的飲用水，有人在我們有需要時讓座，幫忙推門、提重物，甚至在悲傷時給我們一個窩心的抱、正能量的微笑。我們受取了別人的服務、付出和禮遇，即使不需要等價的回報，也應有懷感恩之心，不需要特別為什麼，但我們的生命藉此改變了，變得更溫柔，減少只用麻木感情的左腦思考和觀察，少用戾氣看人事，情緒更平和。

懂得感恩的人是溫柔的，不受制於憤怒，不容易動氣。遇上不快時，更多是憐憫或痛心，希望一切會變得更好。公民教育裡最缺的不是糾正或扭曲所謂不正確的思想，這些都嫌太過精英及政治化，對調校一般人的修養而言並不實在。公民教育最需要的，是注意到自己正被很多人照顧著，應先對他們說聲謝謝，才要求自己和別人做得更好。

出走吧，別停滯於留離之間

停留的人生沒有選擇，流動的人生盡是機遇。能自主命運，是我們願意開放結局的結果。

幾位客人都跟我說，覺得自己錯選了行業，每天迫自己做不喜歡的工作，越來越不想上班，情緒低落，大大影響工作表現。細問下，發現原來他們其實根本不知道自己到底喜歡做什麼，甚至可能事實是他們根本不想做任何事，生命沒有方向，沒有目標，沒有生趣。

相反，有兩位八十後的女朋友，她們卻勇敢地遞了辭職信。一位辭工去歐洲旅行，另一位辭工去學音樂。原來的工作也蠻不錯的，有學習空間，有發揮餘地，有晉升機會，可是她們卻認為人生有限，應該趁青春，放眼世界，雖然也可能不知自己最終最喜歡做什麼，能做什麼，但心裡知道，停留在安穩的工作崗位上，要學習的已學習到八八九九，說到喜愛這份工作嗎，也不盡是自己最喜歡投身的行業，不如先停下來，給自己一次重新開始的機會，積極嘗試其他不同的可能性，認識不同的人，參與不同的義工，走訪感興趣的人和事，應該會為生命帶來新衝擊。未來的路，將會漸漸更明朗。

滯留是選擇，離開也是選擇，在乎你怎樣對待自己的生命，想不想好好愛自己，給自己不一樣的經歷，看不一樣的風景。

停留的人生沒有選擇，流動的人生盡是機遇。

能自主命運，是我們願意開放結局的結果。

當生活變得停滯不前，看不到出路，走不出困局，便應稍為停下來，放個假，給自己冷靜的機會，回頭看看自己的一生，經歷了什麼，錯過了什麼，夢想是什麼，日子還想怎麼過。世上沒有完美的工作，沒有完美的愛情，沒有完美的家庭，沒有完美的自己，但我們卻可以完備自己，自我更新，過好每一天，因為沒有什麼比當下的這一天更真實。

過去的已過去，別多費能量抱怨或遺憾；將來的是將來，需要準備好現在新一天才真新鮮。

現在先活好，先讓自己感覺好。這一刻過得不好，下一刻也不會好到哪裡去。當下是最有價值的生命，別讓每個當下白白流逝，枉送青春。我們都不能保證生命還能活到下一刻。

改變不了外在的條件，離不開目前的選擇的話，也可以調校自己的心態，從內而外地改變自己的心情，管理好自己的作息生活，總能騰出空間留給自己，享受安靜，做回自在的自己。每天好歹也應讓自己好過一點點。假如你還沒有找到讓自己放鬆自在的方法，這就是你的功課了。

安靜，是為了什麼

原來要分辨差異，看清好壞，調校動靜，必須先定心，後安靜，才能學懂「觀音」和「聽見」，達至纖細與洞見。

每次浪流到世界不同的角落，我都會特意尋找兩處地方：一是有很多樹的公園或山林，二是水族館。其他景點、商場、食街等旅遊區，人多，怕怕。時間多一點，更愛假裝自己是當地人逛菜市場和超市，感受平常百姓是如何生活的。

但更想看的，還是樹和魚。

看魚是看造物的驚奇，世上原有意想不到的奇幻生物，以異於人類的方式活潑自在地遊活著，真不可思議。看魚是為了睜大眼睛印證如實的夢幻，把宮崎駿和添布頓（Tim Burton）的奇幻世界活現眼前，可以醉到不願走出來。

看樹則是回到現實裡，親自愛撫另一種生物的奇蹟。樹是安靜、滋潤、堅定、陰柔、冷靜和庇蔭的融和，尤其是古樹。走進山林裡抱樹，擁抱靜，沉澱靜，是一種修養。每到一處陌生地，我都會首先問當地人哪裡有最美最大最老的樹，假如有山，一定會去走走。我知道，一個地方能沉澱一處安靜的角落，應該就是那地方的靈魂深處。

很多人說讀我的文字，見到我的真人，都能讓他們感到很安靜，問我怎樣才能修得這份靜。嗯，安靜的秘密其實不是「靜」，原來在「安」。修養之前，需要首先安放好自己。

你能把整個身心安放和紮根在一個地方，就能安心、安全、安家，然後，自能安靜。靜需要一個能安放自己的家，而這個家，是由你去重建、發掘、安排和安置的。你要先找到一個能量正氣、穩定、沒有太多雜質的地方，才能安心。心安了，自然會慢靜下來。所謂靜，需要你懂得選擇安置自己，即把自己放在怎樣的環境，靠近和遠離什麼人事和說話。人和地的質素，能直接影響安心的效果。

當你安放好自己後，下一步，便要安在，讓自己自在、放鬆，讓整個身體和心神像回家一樣，在自己私密的國度裡，隨意擺放東西，做自己喜歡的、不用向誰交代的事情。這個狀態的你會變得柔軟，肌肉不再緊繃，眉頭也會鬆開，嘴角不再拉開強笑。這時候的你原是最安靜的你，一切都回歸自己。

用過我研發的「靜聽愛定心銅磬」的人都開始明白敲磬能靜心的道理。原來當你還未放鬆時，你不可能靠任何外力獲得安靜。過去在自療過程中，我會通過銅磬來訓練受療者的分辨心和仔細心，更重要是讓他們親身體驗集中能量和放鬆後的自己，可以發出怎樣的振頻，敲出的聲音像鏡子一樣，能具體地反映你當下的能量狀態。

譬如當我給受療者聆聽第一個銅磬時，對方通常會馬上反應：很好聽，很舒服，很靜心啊。然後我給他聆聽第二個銅磬，不一樣的磬聲讓他進入另一個境界，這時他的面容開始改變，猛然發現原來剛才靜未算靜，好未夠好，沒有聽清楚便下判斷。然後我再以不同的方式去敲響同一個磬，或第三個磬，聲音的層次多變莫測，讓他再度推翻之前的觀感，驚訝地發現原來微調聆聽和心態，可以變奏出那麼細緻、豐富和多變的聲效。不同的人以不同的力度和情緒，能敲出和聽見不同的磬聲，調校內在的動靜。

幾回磬聲練習後，受療者開始不再馬上回應，明白原來要分辨差異，看清好壞，調校動靜，必須先定心，後安靜，才能學懂「觀音」和「聽見」，達至纖細與洞見。

聽磬，表面是訓練仔細聆聽，安靜內心，但秘密卻是這個：訓練放鬆，進入陰柔。鬆是靜的入場證，也是通過動來求靜的核心原理，跟武術差不多。手腕放鬆，聲音才沉厚。若執著敲出響亮的聲音，或者繞出延長的泛音的話，重心便移位，你將永遠只在聲音的追逐上執著，離開安靜還很遠，那麼，磬也不過是個時髦的玩具而已。手能放鬆，即身體已準備好溫柔，能量便能集中，變得陰柔，靜才悄悄出現。

安靜，最終是為了什麼？就是準備好身心狀態，打開心眼，看穿自己的盲點，心變細，能分辨，長智慧。

修養自己的第一步，原是鍛煉定和靜，心和腦變得澄明，為的是豁開視野的界限，回頭看見自己和生命的本相。

要生定要死，看心轉移的方向

學習轉向良善的心念，起碼可以讓當下好過一點。但願每人內心開花，享受感動生命的美好，即使包圍著我們的是爛透的世界。

我們的社會病了。連月發生多宗跳樓身亡事故，包括學生、年輕情侶、病患者。媒體的雪球式效應，讓陷入嚴重負面情緒者受到集體催眠的影響，尋死的印象在腦海形成具體的圖像，激增了個案的數字。

患上情緒病的人特別容易在死亡意識強烈的社會能量場下嘗試尋死。我們別只以選擇自殺者的「病態」角度掩蓋個案所帶出的赤裸問題。是什麼讓他們那麼孤獨無助呢？光是精神病嗎？還是他身邊活壞的人呢？

壓力大，受不了，了結吧。我相信，他們大多不是因為想不勞而獲或者不想捱苦的。只是在絕望當下，感覺沒出路，存在太虛無。不過更多的是，我們根本不清楚也不了解更不會明白為何他們寧願走上這條路。可能我們沒有走上並非因為比他們正常或健全，只是我們有另一種選擇而已，正如他們的選擇一樣。

有人求生，有人求死，多少人在生死邊緣留守或徘徊？我們能做的，是在有生之時尋找愛，給予愛，多關心自己和身邊人，多想想別人。別等到人不在才茫然失落。感到被遺棄之苦，不只是選擇了斷生命者，更多可能是留下來的人。

是活著還是逝去，是選擇還是絕路，都是孤獨的個人體驗，沒有人能替你定斷或經歷。

面對情緒困擾，最終該怪誰，是誰的責任？

要生要死，不管原因是什麼，都是自己的選擇，不是命定的結果。人天生的品性、性格和心態是可以調校的，調校後世界便不再一樣，一切看心轉移的方向。

我們不可能要求一個無污染的世界、童話裡的生活，我們只能改善自己。

世界沒錯是爛透了，人性沒錯是沒救了，美好的另一面卻也是事實。回應世界，回應自己，我們可以選擇愛或恨，結果可有天淵之別。不是說選擇了愛便不再痛苦，我們都知道愛裡面其中重要部分也是痛苦，但當下的感動，心眼打開看到的美善，是選擇恨者不可能體驗的。

痛苦可以助長恨，但也可播下更珍惜愛的種籽。

保持覺知，良心和滋潤愛是關鍵，先改變自己，世界自會改變，雖然不一定以我們希望的內容呈現。學習轉向良善的心念，起碼可以讓當下好過一點。但願每人內心開花，享受感動生命的美好，即使包圍著我們的是爛透的世界。

願已去的安息，還在的自重。

不容有失害死你

固執是死穴，彈性是生機，你看哪個才是真正的智慧。

因為聰明、能幹、出色、體貼、自負、要求高、效率高，時下女性活得越來越精神緊張，情緒困擾，危機心態，身心不協調，令她們未老先衰，好不自由不快樂。

譬如她，三十三歲，月入五萬，未婚，沒拍拖，要求特別高，脾氣不甚好，做事一絲不苟，對人態度傲慢，不輕易相信別人，也不願意聆聽，所以朋友不多，知心的更沒有，工作以外的生活虛空一片。她是知性爆棚、感性低能的典型。心想出嫁，夢想卻遙不可及。

因為個人成就而形成無比壓力，更需要精神和心靈的生活平衡自己。偏偏在感情上她們毫無業績，在緣分沒來臨前只能不斷鞭策自己，結果容易情緒反彈，造成執著，要不瞧不起愛情，要不便怨命找不到好男人。理性時能放下感情需求拼命工作爭取成就，公餘一個人寂寞時便情緒失控，甚至一時糊塗隨便找個一夜情對象發洩自己，事後又後悔。

像她一樣的女性活得充滿壓力。壓力來源有很多，最大的問題是她們像男性一樣知性發展過高，沒有注意同時平衡發展同樣重要的情感智商，以至忽略了照顧自己及別人的感受。她們的感情生活大多不甚暢順，不少因為在發展事業的同時失去或阻礙了發展感情或建立家庭的機會，以至情感上出現不平衡症狀，對自己和別人容易表現出壓迫感，尤其是對下屬、親人或異性要求甚高。在感情真空的現實生活裡，偶會一念之差否定自己的成就，悄悄羨慕平凡女子擁有幸福的感情生活。

有人甚至費勁在異性身邊時扮演自己不擅長的小女人角色，為的是不想失去擇偶的機會，結果角色不討好，伴侶不領情，頓生失敗感，骨子裡對實現完美自我沒信心，還是悄悄否定自己，埋怨對方，醞釀情緒病態。

要維護精英女皇的地位，代價是必須強迫自己對萬事要求超級高，對所有事情都照顧周全，守護自己定下的價值框框，不容有失。

正是「不容有失」害死你。

再有成就也活得不快樂，令有些精英女人漸漸明白需要平衡身心靈的重要，開始修養自己，修煉瑜伽，參加宗教或心靈活動，希望補足精神生活的殘缺，稍為調校牢不可破的原則，也不失為正面的自療取向。

你需要調校要成為完美女人的執著。做人可以輕鬆一點的，沒見過緊張焦慮的女人能散發妝容以外真正的美麗。扭轉心態，學習拉開待人處事、容人容己的寬度，你的眉心才會拉開，內心才變得廣大，容得下更多，毋須執著成性。固執養不出平衡和自由的身心，別做愚笨和固執的奴隸。寬鬆一點點，快樂自會多一點，便秘胃痛少一點，開懷歡笑自然多一點。

固執是死穴，彈性是生機，你看哪個才是真正的智慧。

所謂成就到底是什麼？人真正的成就，應該是情理平衡，放過自己，能放能收，給自己和別人餘地，懂得放假，追求簡單已足夠。人生，從來不需要非如此不可。

調校強迫心癮的「三放」原則

明白放鬆身體，放過自己，放下執著，放眼四周，打開心胸的道理，你將懂得從容、包容和寬容。

我們或多或少染有一定程度的強迫症：迫自己做滿一百分，迫戀人為自己改變，迫孩子名列前茅，迫下屬替你加班打拼……造成長期精神緊張和壓力，活壞自己，累壞別人。

強迫是一種心癮，容易變成慣性心理失控，需要調適過來，假如你不想未老先衰，或終日被別人背後埋怨詛咒的話。

人可以活得輕鬆一點，同樣能有所為，辦法是先把拉得緊巴巴的情緒橡皮圈放鬆。不妨記下這調校自己的「三放」原則：

1 放鬆身體

在多疑、焦慮和不安時，馬上抽離所思所想，動員身體，離開令你不安的現場，去喝一口茶，看一本書，聽聽音樂，做做運動，甚至對著鏡子裡的自己微笑，拉開收緊的肌理，修補變壞的細胞，正面地調校潛意識狀態。真正的美，是懂得讓身體新陳代謝，而非在身體的外牆塗上修補和遮掩的化學顏料。

學習重視而不緊張，溫柔一點去愛自己的態度。人天性愛美，追求美的東西，卻忘記把美內化，當自己的生命如藝術品一樣的去尊重、欣賞和包容。發覺自己已失去力量，心開始動亂時，不妨嘗試溫柔地愛上自己，你將感到幸福和安心，你的自在美能感染自己和別人。

2 放過自己

自我壓迫很大程度是否定自己，不懂得欣賞自己的能力和美麗的結果。學習從欣賞的角度看以為犯錯、不完美的細節和小事，以大方大量的心態，包容小過錯，擁抱一笑百慮忘的胸襟，讓小錯處小毛病小瑕疵變成生活上一小點越軌頑皮的甜點，點綴過分剛強的理性。世上沒有絕對的錯，只有絕對的執著，讓我們蒙了眼睛，迫死自己。

自我欣賞，不拘小節，才有大將之風，令自己和別人感到從容自在，對工作和人際關係有百利無一害。追尋心靈自由和解放不是要抓緊什麼高端複雜的方法，而是要相反地放過自己，別再自我壓迫。

3 放下執著

當你只看到眼中的釘，將沒餘地看到問題的轉機。眼前的沙石會阻擋視野，淺薄的眼界只會收窄人的心胸，妨礙智慧的增值。追求完美強迫症最大的危機是讓自我放大，視野收窄，進而讓心胸收窄，容易變成刻薄和苛求，給自己和別人極大的壓迫感。在職場上，這種情況只會減低工作效率和效果；在感情上，只會讓人感到為愛而吃不消，受盡委屈，這樣的心胸對大環境沒有好處。

明白放鬆身體、放過自己、放下執著、放眼四周、打開心胸的道理，你將懂得從容、包容和寬容。

學習先尊敬孩子

尊敬孩子原是尊敬生命的原貌。懂得向孩子感恩的人，懂得愛是什麼一回事。

很多人只懂得問：為何父母要生我？

很多父母也忘了問：為何孩子要出生？

有人很想生孩子，可惜無緣找到伴侶，年紀已大不能再生了，視之為人生一大遺憾。

有人生了孩子不懂得珍惜，視之為負擔，每每利用他，傷害他，作為和伴侶吵架和討好處的工具。這些受害的孩子，長大後寫信給我，說恨透自己的父母，同時也恨透自己，不能去愛人，也不能被別人愛自己。有些已對人失去信任，隨便和別人發生關係，隨便拋棄人，不留情，沒戀愛，麻木不仁，為自己的無情感到難過，卻無法知道該如何活得好過一點。

想生孩子的女人告訴我，作為一個不完整的女人，看到別人的兒女長大，心裡酸溜溜，回想曾經有過可以生育的機會，不是孩子的爸爸不長進，便是不小心流產了，結果愛情也流產。現在一個人很孤單，渴求有孩子相伴終老。

別以為孩子的出生是你安排的結果。

懷過孕的人都很清楚，孩子是否能成功出生，很大程度不由你控制。羊水突然穿了孩子就沒了，你再小心也可能保不住不想出來的胎兒。懷著再大的意願再大的所謂愛，也無法通過祈禱或願力的方式確保能懷孕，生成孩子。相反也一樣。你再不想懷孕，偏偏就是懷了。孩子好端端的等待出生，等待你接受他，乖乖地學習養育一個小生命。

孩子要來臨，總有一個對你和伴侶而言很重要的信息或任務，只要你細心看，自能發現，孩子是來助你處理你一直逃避或漠視的問題。

譬如她，一直負面地看待生命，希望快快做完要做的事情便可離開世界，不想再麻煩了。然後，她懷孕了。期間發現身體藏著幾處不同的腫瘤，借著懷孕有助身體徹底排毒，一一被激發出來。孩子出生後，半年內把三處腫瘤清除掉。然後，她遇上生命中最大的創傷，幸好腫瘤已清除，否則創傷容易激活腫瘤，很大機會演變成惡毒的癌症。

孩子是來救母親一命的，助她徹底清理自己，帶給她重生的機會。這個孩子是來教曉母親如何愛自己的。可是她太粗心，一直沒有注意到孩子對她的恩典，活在埋怨中，失去生命的樂趣，在孩子身上沒有花足夠的精力和愛。於是孩子在成長過程中長期活在不安中，覺得媽媽不愛自己，變得暴躁，故意發難，和媽媽鬥氣，希望換取她的注意和更多的愛。她還是沒看懂孩子這個信息，卻嫌孩子不聽話。

細想你的孩子的出生是為你帶來了什麼？該好好回報他對你的愛。

孩子的存在價值，是給予生命最大的希望。孩子的出生是對你的生命最大的肯定，孩子的成長是對父母關係最大的肯定，孩子是給大人的生命最大安慰和教育。

懂得向孩子感恩的人，懂得愛是什麼一回事。

你得先愛好你自己，對生命懷著愛和尊重，做個能愛的人，從先尊敬孩子開始。

尊敬孩子原是尊敬生命的原貌。

我們都沒有資格教孩子什麼，是孩子來教我們重新認識生命的原貌，回歸童真的喜悅和探索，打破停滯的命局。我們和孩子互相分享經驗和感覺，互相學習成長。

愛不是擁有，孩子並不屬於你。應讓他們回歸大地，讓他們的成長回歸人性的美好。這是大人對孩子、對新生命最基本的道義和責任。

慢活，有什麼好

慢生活是呈現愛自己的一種放慢方式，而這種方式緊扣在生活裡。

我們都想活得更好。

假如有一種方法能實現這個夢想，而你只想到要添置什麼、改用什麼、搬到哪裡才能實現的話，嗯，你搞錯了方向。

優質生活的重點不在你擁有什麼配備，不是那個茶杯、那件衣服、那個手袋、那幅油畫、那間臨海的房子，而是從你的生活節奏體現出來的。

假如你吃得匆匆忙忙，走得急急趕趕，眼睛看不到眼前路旁的風景，徹底被半年換一次型號的手機佔據你大部分的視野時，我的天，給你再高檔次的餐具，再名貴的房車，再精緻的旅行箱，你的生活只能是暴發戶式的劣質，比盲目更視障。

為什麼在雲南、意大利、法國南部、加拿大、日本的京都等呆過的人，都會自動慢活起來不思鄉？藍天白雲和清潔的空氣給你的是放慢的節奏，你沒有任何理由在悠閒的地方衝紅燈過馬路或插隊買車票。在連花開期都比城裡催生劑下成長的花長的地方，你除了養生外，沒有其他需要做的事。放慢，就是生活質素的保證。你甚至不需要最優質的衣食住行配套。你可能不夠錢買有機菜吃，可能窮到連坐巴士的錢也得省下來，但只要你以放慢的節奏過活，在知足中自然常樂，你的生活就是優質生活。

慢的節奏是一種回歸泰然的狀態。生活節奏太快的人，能量是往外流放的，容易失去自己，不知道自己在幹嘛。慢的好處，可以讓我們放緩，回來。

而「愛自己」和「慢生活」是分不開的。

「愛自己」有很多方法，像我書中所說，要從最基礎的喝好一杯水，睡好一覺，穿好一件衣服開始。慢生活是呈現愛自己的一種放慢方式，而這種方式緊扣在生活裡。首先，「生活」是重點，「慢」只是一個方式而已。別以為我在說什麼都要慢、慢、慢。重點是我們要抓住生活，而不是思想，不是其他。譬如放慢能學習重新和我們一直忽略的東西建立親密關係，學懂尊重它，做好它，慢慢地和它產生新的互動，用放慢來活好，這就是愛自己的路線圖。

這個社會節奏非常快，我們走路很快，做什麼都很緊張，如何調整、改善我們的狀態和節奏，需要方法。我們要從穿衣、吃飯、睡覺等最基本的生活作息來讓自己變得溫柔，而不是從讀書或者思想來調整，這個才是最踏實的生活態度。

把空靜帶回家

一個家就是一個天空、一個宇宙。讓安靜的美植根內心，你的心便是你的家。

我出走過最多的地方，其中一個是日本的京都。

她是一個有修養的城市，喜歡她彌漫著安靜和優雅的文化氣息，容得下美，擁有安靜和尊重歷史的胸懷，更是宗教修行地、悠久文化的起點。

在京都，到處是充滿藝術感的手工藝，手工服裝、布料、陶藝、家具、茶器……每一件精品的手工都很精很細，哪怕是一張紙，也可以是代代相傳的工藝，可能已經做了幾百年。因為太精緻了，也因為一生只做好一件事，所以把全部的生命和生活都投進去了，所以也能理解，在京都沒有便宜的東西，你要付出高昂的價錢去養活這種絕活、嚴謹和堅持。正因為這種認真的態度，令你對於金錢和付出的概念不再一樣了。在純粹的認真面前，你會覺得每一件東西都是無價的，非常懂得去尊重，去欣賞。

我們現在常常是這樣想的：「哇，這個東西很漂亮但是很貴啊，可不可以便宜一點？」你知道你在說什麼嗎？為何當你亂花錢買爛貨時卻毫不感到昂貴呢？純粹的用心和認真的工藝越超了買賣交易，它是分享的過程，是對方很細心地做一件藝術品給你，你想拿回家，完成能量交換，那你就要付出。

當你懂得這個付出的道理時，你的價值觀會改變，你的消費習慣和其實很怕付出的吝嗇心態會改變，你從此不會再浪費一毛錢去買不應該買的東西，你會學懂欣賞甚至追求一件真正好的東西，不夠錢買的話你會儲錢去買，很感恩地把它抱回家，同時你會開始清理家裡多餘的、亂亂的、爛爛的東西，把空間留給帶著用心做好一件事的氣息。

從此，你的氣質不再一樣。

除了仔細的美，京都能修養人心的，還有她的靜。

京都有很多上千年歷史的寺院，都保存得非常完好，即使曾經損毀，也能被修葺得很好。京都的寺院設計非常簡約，特色是「無」nothingness。而這我曾遇過一個令我很感動的場面。我在一家千年寺院的門口，正因為門外出現了某些說話很大聲的旅客而猶豫是否要走進去時，突然吵鬧聲停了，原來那幾個大聲旅客一踏進寺院後，便馬上被眼前當下的場景懾住了，像著迷一樣，突然安靜。我跟隨著他們走進去，眼前一片空寂，只有整片榻榻米，沒有佛像，沒有什麼，只有黑黑的，和從寺頂射下來的一束光，舞臺一樣的震撼。這是神聖的空間，一切皆空，安靜便是一切。那些旅客突然變乖，其中一個走到寺的中央，跪下來，靜靜地祈禱，然後慢慢地、安靜地走出去。我好奇跟著他，發現他自從踏進寺後，就沒有再大聲說話了。

為什麼他們會在寺院裡靜下來呢？這就是空靜的力量。

京都寺院的空間給人一種劇場感，什麼都沒有，唯有黑和空，和微微一道光。人的能量通常是往外散失的，被外在的聲音和影像吸引，可在這樣的一個封閉空間裡，外向的五官都集中起來，往內看，雜亂的思緒和行為馬上收斂起來，跟著往內看了，尊重整個安靜的環境。

你其實可以把這種空靜帶回家。

在家，假如因為面積細小無法增加空間感的話，你可以用聲音締造擴大空間，比如敲響一個銅磬，讓集中的磬聲「安」靜，把家變成寺院式的靜空間。這一刻很重要，很寶貴。每天花一點點時間跟這個空間在一起，你的內心便可以在這一刻豁出來，出走了。

一個家就是一個天空、一個宇宙。讓安靜的美植根內心，你的心便是你的家。

悟性的秘密，原是溫柔

嘗試回歸生命最原始的被愛經驗，那是母性的溫柔，能軟化最大的傷害。

我們都抗拒傷痛。

遇上傷害、磨擦、失戀、被背叛、被離棄時，我們往往著眼傷處，沒有看到傷痛的得著。每個際遇都是生命的啟示和教訓，能轉化負面能量的話，人便能從傷害中成長，把悲傷變成禮物。

挫折是不幸，但也是機遇。面對挫折讓人變得前所未有的堅強或脆弱，但再痛，也別忽略感受情緒起伏時那個不由自主的自己。想想，還會有比這更大的不幸嗎？還會發生更多不可理喻的攻擊和批評嗎？更大的絕望是什麼？更大的傷害是什麼？

假如在此刻，你以為已遇上畢生最大的挫折或打擊的話，恭喜你，你的免疫系統正準備好升級。人要遇到最大的傷害，才能修煉最大的堅強。但這並非必然，條件是你願意自愛。

很多人因為病過傷過，變得前所未有地脆弱；有些人卻反過來，變得無比堅強，站起來繼續走下去。為什麼會有這樣的極端差異呢？關鍵在你對生命的信念是否夠強大和堅定，你是否還願意、寧願相信生命的本身是美好。若你還相信生命應該可以更美好的話，你會變得更強壯，從傷害中瞥見愛，滋養更大的慈愛。因為狠狠地體驗過切膚之痛，更希望愛不應該變成這樣，生命可以不是這樣的。活壞了，需要停下來，應該停下來，回到信念的原點，不再執著歷史和關係。

暴力、爭執、糾纏、執著、感情用事、把問題理性化⋯⋯都是破壞內心和平的負面力量，勞損心神。心，原是用來感受和表達生命，分享愛的神聖地方。

那怎樣才能把最大的傷痛轉化成正面的心力呢？

是溫柔。

心的最好狀態原是溫柔。調校內心最有效的方式不是理性的說服、意志的改造、思想的洗禮，這些都會製造負面壓力。嘗試回歸生命最原始的被愛經驗，那是母性的溫柔，能軟化最大的傷害。母親抱著新生兒的溫柔，哺乳類動物對孩子的舐犢溫柔，都帶著驚人的保護和治療力量。這是溫柔最強的功能。

面對傷痛，用對孩子的溫柔對待自己，自能提升自癒力量。

當我們無時無刻和自己作對，和別人對峙，和世界抗衡時，掙扎不安的心只會帶來更大的對抗和傷害。學習溫柔，就是學習孕育平靜的身心狀態，重返嬰孩時期被愛的體驗。給自己一刻靜默的溫柔，愛撫紛亂的心，突然，一切將不再一樣。

悟性的秘密，原是溫柔。

做自己喜歡的事情

只要不執著形式，打開眼睛，保持創意，自能把最平凡的東西變成傳奇。

做自己喜歡的事情，才有真正的快樂。

這道理大家都明白，但想的容易做的難。喜歡做的事，大多是不切實際，天馬行空，或者無所事事，世人稱為沒出息，不會有成就的那些不三不四的瑣事。譬如，懶在床上睡個飽，什麼也不做，瘋狂地做愛，吃甜品，看電影，去流浪，玩樂器，寫寫詩，和愛人在沙灘漫步看星星。

多麼愉快的存活狀態！能夠經常做喜歡做的事情當然最理想，但世事往往不如意。你會問：只做想做的事情如何平衡現實？對啊，看電影需要錢，流浪需要旅費，想當明星哪有機會被看中，想和心愛的人永遠在一起，這想法比得到一切更奢侈。做想做的、喜歡的事何其困難。不能靠它幹活。

可問題是，為什麼需要把幹活和喜歡的事混為一體，自尋煩惱呢？

我們無法不顧一切任性而為，但可扭轉心態，分配時間和精力，轉化日常生活所遇所聞為快樂資本，令自己高興。只要創意一點，生活自會出現離奇可愛事。

舉個例子。我喜歡看魚在水裡游的悠然自得，自會心情開朗，重返童真。偶爾拋開工作到有魚看的地方，尤其是遇上不快時，負面能量過盛時，需要馬上想看魚怎麼辦？到水族館嗎？太費勁兼花錢。到賣魚的地方看？人太多沒雅興。自己養？又徒添飼養的責任和精神。瞧，這麼簡單的事，原來也有諸多理由難以如願。但真要看魚的話總有辦法，只要轉轉腦袋，天真一點。某天我在家附近的超市，欣然發現活魚檔，真了不起。傻傻地站在魚缸旁醉看和傻笑，已經樂壞了。誰說看魚一定要到水族館？

只要不執著形式，打開眼睛，保持創意，自能把最平凡的東西變成傳奇。

走出去，打開眼睛看，令你歡喜的事物，其實早已在身邊。

生活讓人有很多自由和局限，尤其是想做喜歡的事情。但一切不過是心態轉變和時間分配的具體管理學問題而已。只要你別太理想主義，別強求必須改變現實成全你。睜開眼睛，換上童真的心，處處有驚喜。世界不會為滿足你而改變，你只能學懂知足，隨遇而安，擴大快樂的資源，從簡單裡尋找樂趣。

每天起碼一刻鐘，安排時間給自己任性和尋找快樂，平衡做不喜歡的事帶來的壓力。即使無法出走，你還是可以造白日夢，只要還有夢。快樂，可以隨傳隨到。

消好你的費

別假設要收錢就是可惡和虛偽。能互相循環正能量的消費便是功德，別神化不沾物質或金錢交易的病態潔癖。

常聽到這樣的價值觀：「真愛不能用錢買，好人都不應該牟利。」很好，但你把這些話扭曲變成助長自己守財不付出的話，你其實在養活討便宜的貪念。

別貶視物質和錢財但同時不自覺地死守它。你希望世上有好人，好人應該自動幫你救你安慰你，免費才算真心。其實潛意識裡你不過想佔便宜，用兩元買價值十元的好東西，說白了是損人利己。所以你的價值觀裡，帶愛的醫師應該免費義診或醫費不能貴；大愛的作家應網上發表作品不用你花錢買書；靈性導師都應該開免費講座或課程拯救迷失的你，好心的人都應不收分文為你服務才是非「商業化」，真心好。

你不是這樣想的嗎？你察覺到自己的偏激和矛盾嗎？

別抽離現實要求有道德聖人關照你，你卻暗裡討便宜。

每項生活細節幾乎都離不開金錢交易，別假設要收錢就是可惡和虛偽。有什麼工具可以幫助你提升自己呢？靠自己獲取的可以免費，靠別人的哪怕是一本書，也是一件商品，而商品不是罪惡。邪惡在你想偏的腦袋裡。

別盲目地對商品反感，你需要借鏡別人的智慧，用別人的產品。好人好事都有成本，你應感謝他們生產了好商品助你改善生活，提升心性。消好你的費是互相尊重和幫助的好品格。即使你追求環保，也不代表什麼都不應生產，這是無知的想法。環保是不胡亂生產廢物當時尚，不鼓勵盲目消費奢侈品。消費是正常和必要的生活細節，沒有抗拒的理由，重點在如何珍惜和不浪費。

一本書、一杯茶、一件衣服、健康食品、靜心用品都是商品。你可自己織布造衣，但種綿麻的種子也要買，自給自足也有價。良心消費能幫助商人養家謀生計，能互相循環正能量的消費便是功德，別神化不沾物質或金錢交易的病態潔癖。

我在情緒管理工作坊內，跟同學玩了一個遊戲，調整他們的價值觀。遊戲是這樣的：我讓大家為一件產品定售價。譬如，假設你開麵店，煮一碗麵的材料成本是十塊錢的話，要你定售價，你會賣多少錢呢？

假如你是老闆，你可能知道應該如何合理地定價。但一般消費者不懂，只懂看價錢牌，然後說哇好便宜，或者哇好貴啊。說便宜或貴的背後可能是不經大腦，只憑感覺或貪念，覺得很喜歡那東西，不過就是不想付那個錢。

是這樣嗎？那，這個訓練很適合你，能幫助你發現自己的消費盲點，同時調校自己對消費的心態和修養，看你到底是不是一個守財、吝嗇、合情合理、懂得欣賞或節儉的人。

知道一碗麵的成本是十塊錢後，有人會「覺得」賣十二元，最多十五元就好了，因為他是站在消費者的個人意慾上去思考，沒有想清楚到底這是否合理。或者有些貪心的人，以商人的角度去想，他可能正好相反，覺得賣得越貴越好，譬如能賣八十元甚至更多才能「發達」。

不管你是從哪個角度來定價，都應該先考慮以下的其他成本：

1 時間：你到底需要多少時間成本才能製成一碗麵？同樣的時間你做其他事情可能的回報是什麼？

2 工資：你需要付多少工資給製麵的人，讓他安心養活自己和家人？

3 物流／行政：是否涉及運輸成本和其他行政費用？

4 比較市價：你考慮以哪個檔次推出，同類品牌賣多少？

5 可持續營運：要賺多少錢才能維持生意，進一步發展？

6 折扣：預算折扣後的利潤。

7 預計售賣量：這可決定單品的售價。

8 創意：別忘了有特色的產品需要創意回報，鼓勵創意。

9 稅務：利潤稅和食品許可證費等。

10 廣告費：需要嗎？

11 意外損失

假如只是一般平民麵店，這碗麵的售價定在二、三十元是合情合理。假如是高端麵店，應知道總成本可在數倍甚至更高，這碗麵賣個五十元或更貴也有它背後的理據，不一定是暴利。

良心，是買和賣的原則。

下次當你衡量一件貨品的價格是否你「喜歡」或「感覺」合理時，應理性細想背後的合理成本，再看售價是否合理。不要養成貪心或無知的壞習慣，老是說「好貴」，學習尊重良心貨品背後的製作心血和精神，也要學懂向暴利貨品說不。

實用自愛
19種逆轉負能量的急救法

靜了 serene serene

作曲 / 演奏：Paul Yip　樂器：鋼琴

在 YouTube 欣賞：
素黑《踏踏實實愛自己》- 第三章章曲：靜了 serene serene

動中求靜養心法

> 讓自己安靜，秘密是在靜中求動。安靜能讓我們冷靜下來，心安定，才能看通情況，理性地改善事態，修補問題。

我經常被問到如何能看清楚某人是不是好人，某工作是否值得做，某健康食品或治療方法是否真正適合自己。

沒有人能準確地告訴你答案，因為最好的判斷者還是你自己。

人越來越麻木，心亂了，自會失去洞悉人事和自然環境的直覺力。

我們常受到外界干擾，容易迷失，直覺能力越來越遲鈍，非常依賴消費品和權威，誰說什麼好，廣告及名人推薦的便買來試試，連內容也不看不關心，理由是沒時間，或者說我不懂。我們的生活模式是被動的，被擺佈的，心是封閉的，需要學習開發心眼，讓身心變得細緻，返回敏感和直覺力敏銳的狀態，才能看透世情和人事，看清楚真正的自己，到底自己需要什麼，別人需要什麼。

要打開自己的身心敏感度，重點是先找到安心的方法，就是讓自己安靜。心不夠定，無法看到真理或真相。

可是安靜不容易，因為我們的生活狀態很混亂，往外面跑，凡事只看外表，沒有學習向內看，觀照自己。太多人對事物早已失去了感覺，生活變得淡然無味，工作如是，交友如是，學習如是，感情如是；視而不見，聽而不聞，五官封閉，感受不到世界還有溫度和愛。這是可悲的。

每個人的成長經歷都不同，每個人的身體跟情感的分裂狀態也有不同的歷史，但總的來說，大部分人都沒有認清楚自己，內在太分裂，和自己太割離，卻埋首去管別人，要求別人，塑造別人，沒膽量看清真實的自己一眼。

讓自己安靜，秘密是在靜中求動。安靜能讓我們冷靜下來，心安定，才能看通情況，理性地改善事態，修補問題。

動是靜的第一步。安靜的條件不是讓外界寂止配合你，而是先讓心變得溫柔，停下來，不再過勞，像柔軟的蘆葦一樣隨風舞動，這是一種動，安靜的動能，能愛撫你的心，把怒氣、怨氣、壞心情掃走。

可以嘗試這個簡單的三分鐘養心方法：

在心亂時，先離開呆在的現場，走動一下，舒展筋骨，找一處沒有人打擾的地方，閉目養神一分鐘，然後幻想自己進入最溫柔的地方，如和家貓在沙發上玩，如在雲上飄，如擁抱著心愛的人……安然地接收這意境，植入內心，張開四肢，感覺那溫柔散滿全身，你會發現身體會有反應，毛孔會輕輕打開，心口會感到微暖，讓你感到舒服和安靜。

安靜後，理智和直覺力會回來，方可看清和決定什麼才適合自己，是自己真正需要的。

三分鐘的養心方法，沒藉口說不啊。好好愛自己。

用自己的方式抱自己

只要你願意，每個人都可以以自己的方式，
靠自己的力量，治癒自己的傷痛。

她寫信給我說她的傷痛經歷，說自己如何從傷痛中豁出來，把思想放下，重返身體的覺知中，終於得到前所未有的釋放。

她經歷過失戀，自我否定，對生命失去信念，對生活失去方向。像很多經歷著迷失的人一樣，她的自療經歷，也許能給大家一點借鏡。

她說：「我聽從你的建議，在黑暗中聆聽自己的心跳和呼吸，讓能量流動，把自己當作大海洋，檢視自己的感受，不急於以言語批判（這是我慣常的動作，因為我的語言能力強，觀察到任何事物，包括自己的行為感受，都自然地以複雜和嘲諷的語言描述一番），也不以負面語言批評自己。」

我在本書第一章「準備自己」說過一個重點：要幫助自己，首先是先放下思想和判斷，返回觀照原始的身體感覺上去。在過程中，她體會到原來一直最渴求的不是戀愛中的甜言蜜語，不是接吻也不是性的刺激，而是親密的擁抱。很多女人像她一樣，渴望別人的擁抱，但家人沒有這個習慣，中國人社會沒有擁抱的文化，但女人就像嬰孩時期一樣，渴求身體上被全然地接受，感覺自己的身體的存在，感覺被愛。

於是，在尋覓自愛方法的過程中，她開始擁抱自己：「我在你的書中學到，不止是頭腦，身體也是感覺靈性很重要的地方。於是我緊緊的抱住自己，撫摸自己。很奇怪，明明是自己的身體，一個簡單的動作，那種能量的流動，比他人的擁抱更強烈。我感到全然地被接受，痛苦的情緒傾瀉而出。我伏在自己的膝蓋上嗚嗚地哭，卻不是傷心的痛哭，而是每哭一次便放鬆一點，好像小孩向最親愛的人撒嬌和傾訴一樣，感覺真好。」

「其後才發現，其實一直沒有人責怪我。家人沒有因為我戀愛期間愁眉苦臉影響他們的心情而責怪我；朋友沒有因為我未經深思發生性關係而責怪我，一直是我在責怪著自己，是我以腦袋裡的刻薄語言折磨自己。是我沒有愛惜自己。

「多年來看的 self-help 書本沒有幫助我，縱情吃喝玩樂沒有幫助我，向朋友吐苦水沒有幫助我，是我以自己的方式擁抱自己救了我。睡前的靜思和擁抱，讓我得到意想不到的平靜和釋放，對舊愛的恨意也減少了。雖然仍有遺憾，仍有失落，但我終於確信我能如你所說：接納，放下，然後痊癒。」

這是一個很正面的案例，一個願意自愛的剖白者的具體案例。只要你願意，每個人都可以以自己的方式，靠自己的力量，治癒自己的傷痛。

用大愛的方式抱別人

擁抱的世界裡不再有自私者，只有分享者，和帶著窩心的感動。

多久了，我們沒有擁抱過最愛的人，沒有被最愛的人擁抱過？

或者，你可曾擁抱過你不認識，或者認識不久的人？

擁抱是一種安慰，也是治療，能治療寂寞和創傷，不安和悲傷。擁抱帶著很強大的愛，散發自身體純粹的愛。當你願意去擁抱一個人，你必然帶著愛，不然，那個抱是虛弱的，被抱的人會感覺到，身體會抗拒，或者很快想離開你硬硬的抱。

抱，必須是緊緊抱，用心散發愛地抱。這樣的抱，很有力量，能重振心情，帶來希望。

我們這個時代最欠缺的是愛，可見於我們都不再懂得擁抱自己和別人。擁抱自己是愛自己，擁抱別人是愛別人，放下自己。華人都不懂得擁抱，覺得擁抱是忌諱，覺得身體與身體之間應有距離，因為不信任別人，不信任自己，不信任大愛和博愛。我們的文明裡沒有愛的進化，這是可悲的，讓我們都不懂得放下自己地去愛，去付出。

很多心靈治療工作坊都會教大家如何擁抱，我剛才也教大家如何擁抱自己的心，擁抱自己，增強自癒的力量和正能量，學習自愛。藝術家會用藝術的方式推動擁抱的治療力量。其中最有趣的是我的音樂人朋友黃志淙和太太創立的「抱抱(PoPo)運動」，用音樂抱世界，讓音樂人、創作人、老師、學生、義工和市民唱抱抱歌，跳抱抱舞，一起宣揚抱抱精神。抱抱運動始於沙士期間，當時人與人之間的接觸變成禁忌和恐慌，同時引發更想追求珍惜和關愛的動力。後來黃志淙和太太一行十多人到英國灌錄抱抱歌，跳抱抱舞，回來推廣抱抱精神，治理當下瀰漫著怨氣和戾氣的社會。抱抱運動是在求同存異、互相尊重的前提下，一起尋找解決問題的方向，由個人到家庭到學校，由工作到社會到政府，每一個人，每一個崗位，都可以互相抱抱。

這訊息很有意思。我們借助擁抱的親密和信任的力量，把愛傳揚和分享，重點是，放下你自己是誰，你需要什麼，用擁抱當禮物，送給身邊眼前人，不管他們是誰，和你什麼關係，是好人壞人，是否愛你、關心你、了解你。通過擁抱建立大愛的力量，你同時是享受和接收者。擁抱的世界裡不再有自私者，只有分享者，和帶著窩心的感動。

孩子不需要你說「我愛你」，只需要被抱過，便能感到安全和被愛。這是愛和被愛最純粹、最原始的狀態。

用大愛的方式重新擁抱眼前人，重新學習愛。

每天給他三分鐘

從願意全心全意聆聽對方開始，學習表現愛與關懷。在這三分鐘，你是他的，他是你的。

當你感覺不到被關注、不被愛時，是因為你沒有被全然地歡迎，全情地聆聽。

大人埋怨小孩子難教不聽話，不是因為他們天生小魔怪，喜歡和大人作對，而是大人沒有聆聽他，只要求他聽話。青年人反叛，自我放棄，稍為了解他們的內心都會知道，他們最渴望得到的其實不是物質，甚至不是真的需要毒品和打機，他們只想父母少囉唆，多聆聽他們的需要，關心他們的感受。女人埋怨男人不夠愛她們，多半因為男伴從來不喜歡聽她們說話，對她們沒耐性；男人埋怨女人不夠體貼，也多半是因為女伴只管說自己想說的大堆話，沒有細心體恤男伴真正的需要。

原來我們都沒有好好和身邊的人貼心溝通過。

問題是，怎樣做才能讓對方感到被關注和被愛呢？

很多人其實很想靠近所愛的人多一點，越是想愛他們，越是不懂得表達。希望關懷他們多一點，就是不懂。不懂是正常的，因為我們確實沒有在愛的表達上被教育和感染過。自小的語言訓練裡沒有被鼓勵表達情感和情緒，尤其是男性，本來就不擅於用語言表達情感，在親密的人面前，在溝通的關口上更是緊張，戰戰兢兢，不知所措，結果被女伴誤以為對自己冷漠不關心，無辜又無助。

改善溝通難，容易在強迫自己自我改造時徒添了壓力。表達是藝術創造多於技巧訓練，需要長時間的調校，建議先從聆聽開始，從願意全心全意聆聽對方開始，學習表現愛與關懷。

全心全意是重點。

你到底說了什麼、做了什麼都不重要，重要是你是否把所有心神投注於溝通的當下，在所愛的對方身上。即使你們靠著坐在一起，表面在聊天，眼睛和心皆遠離對方千丈遠，忙著滑電話，玩遊戲，看電視，三心兩意地所謂關心對方，效果頓然大打折扣，對方當然不是味兒，感到被忽略、被敷衍。

別再埋怨不懂得跟所愛的人溝通，別再說你「真的」已經很關心對方，其實你需要做以下簡單的事情：

每天起碼給對方三分鐘：看著他，觸摸他，聆聽他，給個笑，把全部關注力投向他，讓他知道這一刻，這三分鐘，你願意放下其他一切，走進他的生命裡，把你的世界交給他，也讓他參與和分享你的世界，融進彼此的生命裡。聆聽他說話，或者純粹安靜地靠在一起，用愛看進他的眼眸裡。

在這三分鐘，你是他的，他是你的。

假如你連每天三分鐘也付不起，還談什麼關愛？這全情投入的三分鐘，足以激活感情，被關愛的感覺，盡在不言中。

有效的減壓法沒秘密

從輕鬆返回緊張，大多不是因為減壓的方法不對或不好，而是因為減壓的活動停止了。

也許你已嘗試過很多減壓的方法，照足導師的指引做運動，雖然不難達到短暫的放鬆效果，可總是很快便打回原形，失去效應，返回緊張的狀態，質疑是不是方法錯誤了。

從輕鬆返回緊張，大多不是因為減壓的方法不對或不好，而是因為減壓的活動停止了。就像吃飽後的滿足會被下一輪肚餓抵銷了，因為食物已消化了，需要新一輪的補足。換言之，是你需要新一輪的放鬆活動，因為你又忘形地重返讓你緊張的慣性生活模式。

減壓和放鬆要適時，甚至應時刻保持著，可是，緊張的都市生活讓上班族情緒不安，即使留在家中做家務，照顧孩子的主婦也感到無比壓力，要照料的事情比想像中多。放鬆的時間和心情都沒了，身心長期處於壓力狀態，偶爾的放鬆活動只能讓心情暢快維持很短的時間，尤其是當你刻意去參與一件減壓活動的事前和事後，可能也得舟車勞碌、煞有介事的話，那跟投入另一項勞動沒兩樣，反正只是消耗更多的精力，得不償失。

減壓像養生一樣，需要隨時隨地，在生活點滴上恆常和持久的滋養。就像保持良好的呼吸習慣和方式一樣，是每一刻要做好、要維持的事，不然便會影響健康。我們不會先停止呼吸，待有空才去管它。處理壓力也一樣，應盡量在生活中養成長期關注和保持放鬆的狀態，而非等工作完畢有空才考慮做一下。

放鬆的方法有太多，但可能大家都忽略了最關鍵和有效的放鬆條件，只做了形式上的活動，沒有注意成效，這也大大減低了放鬆效果的持續性。

那放鬆條件到底是什麼呢？就是，當你做任何減壓活動尤其是運動時，需要同時注意保持一個穩定的振頻和重複的節奏。

有效的放鬆減壓法都沒有秘密，離不開這兩種方式：

一，是把腦波調到極低頻如 θ (theta) 波，這可以通過深層的冥想獲得，或者通過催眠放鬆進入 α(alpha) 波狀態，跟半夢半醒的出神一樣，能讓身心放鬆。一般人不容易達至這些放鬆狀態，要修煉或接受引導才行。也可以借助 136.1Hz 的靜心治療音叉來幫助達到釋放二氧化氮，鬆弛緊張的效果。詳情可參考《愛在 136.1》前言部分。

二，是通過重複的節奏和身體的擺動獲得即時的放鬆，以動求靜。原理是，人的腦幹會在重複的節奏、音樂和舞動中，通過自律神經系統的副交感神經調節呼吸、血壓、心跳、肌肉、腎上腺素等，讓人馬上放鬆，不再緊張，感到舒泰。

希望減壓時，可以聆聽重複的節奏音樂如擊鼓，更好的是學習簡單的節奏拍打，把自己的身體當成鼓一樣，有節奏地一邊在大腿、屁股上輕輕拍打，一邊哼著拍子。當你持續地數拍子時，腦袋難以亂想其他，不然會干擾拍子。這是以拍子干擾思緒的好方法。

你還可以在工作途中適時地停下來，閉上眼睛深呼吸，做幾分鐘頭和身體左右上下緩慢搖擺的動作，便能保持能量不下滑，持續地放鬆和減壓。

其他深入的方法，都在我的情緒管理與聲療體驗工作坊裡教授。有興趣的朋友，可關注我的面書「素黑 (Su Hei)」，或我的微信號「好好愛」，留意不定期開課的信息。

直覺臂力測試法

很多人都不知道，原來我們可以用肌肉來協助判斷哪些人或物「真的」對我們好。

很多人以為，只要依賴理性便能判斷是非黑白，應做什麼事，不應做什麼，應挑什麼，不應挑什麼。相反，有些人會依賴感覺，憑感覺決定做什麼，挑什麼，喜歡什麼，不喜歡什麼。他們往往誤會感覺就是直覺，對事物感覺很強的人，下判斷時可能會誤會以為他是憑直覺決定取向，因為直覺好像比感覺更可靠，更備受認可。

可事實上，我們的社會和教育都沒有鼓勵我們表達和開發感覺，所以說憑感覺認識世界，處理事情和感情，都會被認定是不可靠的，甚至被喻為是女性化、感情用事的方式，不能依賴，也不能盡信。但話說回來，感覺在沒有被發展成熟前，還是不穩定的，不可盡依賴。

那理性是不是就是最終的判斷標準呢？是不是所有通過理性來感受、喜好、選擇、思考都是正確的，對我們最好？是不是凡是用感覺來衡量都過分主觀，欠缺現實根據呢？

其實我們是知道答案的。理性並不是一切判斷的最終或最可靠的標準，要看到底在處理什麼類型的事情，比方感情、心理的問題，就不可能單靠理性來解決和理解，因為它的形成和內容遠比邏輯結構複雜多。

同樣，感覺是很主觀的，說這刻你對某人某物的感覺很強，並不一定代表那人或物真正適合你，跟你相配，能產生共鳴。直覺有別於感覺，它是清晰的腦波振動，而非如感覺一樣，只是五官運作的情緒感知反應，讓我們感到快樂、痛楚、悲傷、窩心、暴力、溫柔等，因為感覺的力度容易凌駕了身體的其他活動，所以我們才相信這感覺真實地反映了自己的意願或需要。但我們也要知道，感覺很多時候是導生的，是被集體催眠的結果。我們對廣告裡的食物很有「感覺」，即時產生想吃的慾望，感覺很真實，像身體真的很需要它一樣。這感覺是導生的，並非原生。你的感覺可以是被利用、製造和捏造的結果，並不能盡信。

直覺是我們應多發掘和發展的天賦本能，能繞過理性的大腦和感性的情緒腦，直接感應事物的振頻，譬如可以通過肌肉的強弱反應來判斷。很多人都不知道，原來我們可以用肌肉來協助判斷哪些人或物「真的」對我們好。說「真的」不是修辭的運用，而是強調其真確性。最簡單的測試方法是運用肌動學(Kinesiology)中的臂力測試法。

臂力測試法的操作是這樣的。我們要測試一樣東西或一個人是否適合自己時，可以用一隻手握住物件，抱在胸前，或心裡想著那人，把感覺和影像握在拳頭裡，放在胸前。然後，另一隻手向左或右邊平伸，跟身體成阿拉伯數字「7」，用自然的力度伸直。然後，找一位朋友在你伸直的手臂前端按下，用自然的力度就行了，你不用對他的按下反抗或放鬆下墮，你把集中力放在胸口的拳頭裡。若那物件或人是真正適合你，對你有益，有好處的話，你的手臂會感到有一股強壯的力量，不會讓那人把你的臂按下去。但當那物件或人對你的身體不是有益處的話，你的手臂會馬上感到乏力，變軟，一下子便被按下。

這個肌動學，又稱作人體肌動學的原理是很科學的。原來我們的直覺大腦能通過感應自身和外物的振動頻率，自然地分辨出那外物對身體細胞是好還是壞。

人對不同的情緒或意識狀態如恐懼、快樂、安心等，都會有不同的振動反應。若外物的振頻跟我們的身體振頻是配合，呈現和諧和舒泰狀的話，它能通過肌肉組織的狀態反映出來。讓我們有較低的振頻反應的東西會令肌肉變得虛弱，相反，較高的振頻反應會令肌肉變得強壯。

大腦有直覺能力評估外物是否對身體有益或有害，超越喜歡或不喜歡的「感覺」層面。這能力是人與生俱來的內在智慧，不靠思考而能洞悉的超然判斷力。

肌動學讓我們驚訝地發現，原來我們有直覺力選擇最適合自己的人和事物。譬如我們懷疑某種營養品是否真的對自己好，除了看營養標籤外，還可用上臂力測試法，即場提著產品進行測試，你會發現，同樣是維生素C，A瓶和B瓶的測試結果會不一樣。你可用這方法進行幾乎任何物件的測試。食物、藥物，尤其是治療性的健康產品，你可信任你的臂力替你選出最適合自己的東西。

當然，測試的準確性關鍵在於，你必須在不刻意調控肌肉的情況下進行。

假如你想知道某人是否值得你愛，是否對你有益時，你可用臂力測試，但若你其實心裡已斷定了他就是最適合你的人，加入了主觀意願地抱著你想愛的人，伸出手臂作硬抗的測試時，那結果還是自欺欺人的，因為，主觀的心念能干擾肌肉的誠實反應呢。

沉默是一種力量

養成不隨便把東西放進口，把話說出口，人便會進化。

朋友L是個非常愛說話的女生，只要有人在身邊，她便會不斷地說話，不然，就是不斷地塞食物進口裡，不想讓口腔有片刻休息的空檔期。這類女生，身邊多的是吧。她們其實不是真有什麼事情要發表，也不是因為肚餓而吃東西，她們只是害怕孤獨，自信心不足，強烈地需要別人認同自己，關注自己。一個人的時候，不敢呆在黑暗裡，晚上睡覺也要打開燈。即使有宗教信仰，不時做功德活動，可脾氣還是很火爆，很容易被激怒和發火，嘴巴和心就是無法靜休，整天浪費很多能量。

最近她辭職了，想認真地修心養性，報名參加了一個靜修營，需要十多天閉關，不說話，只聽老師講道，作息定時，吃的當然不能多，過午不吃。對她而言的確是相當大的挑戰，佩服她自療的決志。

終於出關了，她告訴我真的變化了不少。原來她發現，少說話，少吃東西後，真的不像以往那樣隨時感到肚餓，話說少了果然精神多了，做事和思想也不再躁急，不像以前容易發怒，人變得溫柔了。有規律的作息，禁言的生活，真能在短期內帶給人莫大的改變。

沉默是一種力量，它是很好的治療師，讓人從亂回到靜，從暴躁到溫柔，從盲目到清明，從埋怨到體諒，從恨靠向愛。沉默到底為何能改善一個人？最關鍵的原因是，我們少費勁，保留了陽氣和正氣，這股正能量能統一理性和感性，令人不容易偏激，情緒能保持穩定，不用借不斷說話和盲目進食來逃避清靜和面對自己。當嘴巴合上時，呼吸能集中，注意力自然回歸身體，五官會變得敏感，不再麻木，不再依賴慣性，浪費氣力。覺知回來了，感覺和腦筋會變得比前更新鮮，更開放。

少說話，調整作息時間，進食適可而止，養成不隨便把東西放進口，把話說出口，人便會進化，由動物性、慾望性驅使的生物性行為和思想，演進至向心靈推進的層次，你好像換上新的五官，看到以往看不到的，聽到以往聽不到的，尤其是你內心的動靜。你將首次感到自己真正喜歡的、不喜歡的、逃避的、歡迎的，你開始熱戀地希望好好愛自己。

寧靜的自己原來是讓你踏上自我發現的旅程，也因此對世界改觀，以往的執著現在開始看到了，以往的自大和脾氣、不穩定的情緒，現在開始靠向和平，懺悔自己。沉靜讓你脫胎換骨，尊重說話，學會聆聽，人不再浮淺，擁有穩定和內斂的力量。

管理能量循環節奏

懂得管理自己的能量循環節奏，才是懂得管理好自己的人，能平衡身心健康。

我們經常感到累。

明明要處理的工作並不是很多，休息的時間也不至於太少，甚至有人睡足十小時還是感到四肢無力，愛賴床，不願起來面對自己。我們自問並不懶惰，做事很認真，甚至沒有偷懶過。驗身驗不出哪裡有毛病，是不是患上什麼潛藏的疾病呢？十分擔憂。

其實問題的核心在於我們沒有管理好作息時間，心力交瘁是因為流失了精力，不懂得保存能量。這就是說，我們沒有適當地休息。

人的身心功能是依據一個所謂「超晝夜節奏」(ultradian rhythm)運作的，這是一個能量循環的節奏，在特定的循環時間裡讓身體自然從高能量狀態調到低能量狀態，然後再由低調至高，這是一個週期，而這需時大約九十至一百二十分鐘。換句話說，我們能保持高能量狀態的時限為約九十至一百二十分鐘，其後便會感到疲倦，需要稍為休息，起身走走，喝杯飲料，舒展筋骨，才能恢復體力和集中力。但若我們過分耗損精力，連續工作三四五個小時而不小休，便會虛耗體力，降低工作效率，這是能量下滑的緣故，會影響情緒，容易發脾氣，或者感覺麻木，忘記適時吃喝，對自己和別人的耐性也會大減退。

你會發現情緒壞、脾氣臭的人，不是工作狂便是患失眠。這些人通常也會有便秘問題，因為忘記了定時飲食，緊張狀態讓他們消化不良，腸臟在壓力下難以蠕動順暢。胃病、肚痛或腹瀉、脹氣、臉色難看、脾氣暴躁、容易發怒等，都是長期在壓力下不懂得放鬆和休息的惡果。

懂得管理自己的能量循環節奏，才是懂得管理好自己的人，能平衡身心健康。可惜我們都過分把管理學放在財政、學習和八卦別人上，忽略了注意自己的能量狀態，對自己不夠細心溫柔，長期勞損細胞和肌肉，導致頸梗膊痛，腸胃失調，情緒不穩，正是能量失調的結果。

從今天開始，注意自己的作息時間。若你是慣性工作狂，或者早已對疲累的感覺痲木的話，不妨放一個小鬧鐘在桌前，或者調校手機的響鬧功能，每個半小時或最多兩小時便鬧醒自己一次，起身走走，做五分鐘簡單的伸展運動，對自己笑一下，陪寵物玩一下，再回到工作崗位，效率和質素會大大提升，而且感到心境正面良好，不再容易鬧脾氣，人際關係也會改善。這不過是很簡單的調節，值得投資。

停下來，休息

啟動已麻木的身體，先從培育身體的覺知開始，學習聆聽身體發出的信號。

活得累透了是很多人的同感。

累了，就要停下來，到外邊走走，先擱下困擾自己的人和事，做些傻事、讓自己開心的事。人就是人，不能變成神。人的力量有限，你不是太陽，你只能做你可以做的，放下無能為力的。解決不了的事情，不妨先讓自己休息，別去多想，想也想不來。

問自己，假如生命只剩下三分鐘，你會做什麼？放不下什麼？什麼才是最重要？

答案正是你真正的內心嚮往。是時候停下來，休息，更新自己。

辦法是啟動已麻木的身體。

自覺精明的人往往對自己身體的感知最笨，不知道身體反應是最直接和可靠的指標，提醒你的健康出狀況了，也直接影響你的心情、情緒甚至智商狀態。

先從培育身體的覺知開始。

注意是否因為趕時間、精神緊張、杞人憂天、不肯下班、酗酒、抽煙、暴食、過度上網等而令身心出現疲態或毛病。頭髮開始掉了嗎？皮膚痕癢嗎？讓你怎樣抓也不能減輕症狀，還會出紅斑，嚴重的甚至有關節痛嗎？那是由於免疫系統過敏反應。免疫系統因過勞而衰弱，經常傷風感冒咽喉痛，長期的壓力令荷爾蒙水平過高，損害心臟、腸胃等器官。你還有便秘、胃痛、心痛、動輒流淚、心煩氣燥，容易被激怒，甚至會在巴士上地鐵裡商場內罵人、失禮、失控……

因為你沒有休息，不是問題沒有解決。

學習聆聽身體發出的信號，留意身體反應是否處於壓力狀態，然後給它回饋紓緩的信號。平時在辦公室裡，或在長期停留讓你勞累的地方，定時做以下簡單但有效的定心練習：

1 靜態深呼吸

注意別提升胸骨，要把呼吸回歸丹田位置，注意丹田的起伏是否平均、穩定，不要太用力，也不要太省力。

2 閉目或內斂眼神

望向丹田位置，然後自我暗示：「我要對身體好，我要感謝身體替我勞累，我要讓身體得到休息。」

休息能讓累透的身體回復體力，而擁有足夠的體力，才是解決問題的養分，不是你的思想。

重新輸入能量，才能刷新思維，之前想不通的會突然想通，找到解決問題的方向。不要小看休息的功能，它才是你最可靠的助手。

公餘時，應抓緊機會到外邊走走，做體力活動，如練習太極、做動態帶氧運動等，配合多睡眠，能有效地瞬間減低壓力荷爾蒙的滋長，讓身心放鬆下來，平衡心理。

注意要先從最簡單的自療法入手，別取難捨易或迷信複雜的方法，才是聰明的自療態度。

從潔身開始自愛

讓不該堆積的得到放生，得以解脫，不再無辜地擠擁在你本來身無一物的生命裡，回歸爽淨。

回家探望老爸老媽，媽媽的腳腫了一塊，爸爸的膝蓋也痛著。用藥油替他們按摩，媽媽的腫頓然消了大半，她樂壞地說：「瞧，原本腫脹的地方現在又露出靜脈來啦。」爸爸本來說是左邊的膝蓋痛，按著按著，感覺爽了，把右邊的膝蓋也遞過來，像個小孩一樣說：「這邊也痛呢。」那個臨近中秋的下午，在安靜的老家，替變回小孩的爸爸媽媽塗藥油，感覺自己長大了。

塗完藥油後，才看到地上有毛髮，馬上到廚房取掃帚打掃，媽媽忙著阻止我說：「不用啦，今天太累沒掃地，待我稍後自己掃就行了。」我說不不不，我最喜歡就是掃地啊。不顧一切地奪回掃帚，幻想自己是稍後坐掃帚飛回家的小女巫。

媽媽靠在爸爸身邊說：「你記得嗎？三個女兒中，就只有她做家務，小時候就只有她掃地、洗衣、晾衣服，三歲定八十啊。」

媽媽這一說，我才頓悟。啊，是的，從小我便喜歡做家務，並且是自發的，幹那些兩個姐姐都不喜歡的活，譬如掃地、晾衣服、燙衣服、抹桌椅、替木地板打蠟，走進廚房幫媽媽做菜，清理桌面，把家弄得乾乾淨淨，整整齊齊。

我沒有潔癖，也沒有清潔強迫症，只是不知何來的教導和啟示，讓我自小明白清理的好處，冥冥中也奠定了近年一直研究的心性自療方向：自療，先從自家出發，清理自己。自愛很具體，從整理自身、自家最基本的作息開始，重組能量，調校情緒。

很多人叫我給一個讓自己能重新做人的方法，我會先給予這樣的提示：先從清潔家居開始吧。對方可能覺得我在開玩笑，但其實這才是非常有效的修心方法，不是從呼吸呀、靜心呀、坐禪呀開始。簡單地說，就是先做好家務，打理好生活的本分，清理和修整自己的身體和家居的環境，你才會發生徹頭徹尾的正面變化。

不管你的問題是什麼，都需要先看看自己活成怎樣，每天的作息是怎樣。每一個微不足道的恆常活動都是奠定你是誰、活成怎樣的基礎。微觀自己的生活，才能重新發現自己。問題通常都發生在堵塞裡，不是因為你欠缺了什麼，而是因為長期沒有清理堆積的、變質的、發霉的、變得多餘的自作業。

那要怎樣清理一段堵塞的感情關係？該如何打通和釋放封閉的自己？別多想，動手吧，先從最基本的做起、做好：馬上把廚房堆積的髒碗筷洗乾淨、放置好；馬上清潔和整理冰箱，把過期的、變壞的、遺忘的食物拿出來，處理好；馬上從掃地開始，把佈滿一地的灰塵和垃圾清理掉，讓不該堆積的得到放生，得以解脫，不再無辜地擠擁在你本來身無一物的生命裡，回歸爽淨。

這種愛，叫做潔身自愛。

多少人打從心底裡拒抗做家務，或者從來不關心也懶於做家務？不是因為家裡有人自動做了，就是沒人做便讓它凌亂、髒著吧。反正家不過是個寄宿的地方，回來睡一覺，早上撒個尿便外出了。這種生命裡欠缺留在家、做家務的人，大多欠缺承擔感，沒條理，沒責任感和安全感，潛意識裡抗拒面對自己，迴避成長，害怕生命前進的滾輪。

堆積令人懶惰，不思進取。清理需要承認和承擔過去，為現在和未來留餘地，更生自己。當你變得清澈通透，始能體會毋須隱藏、正大光明的生命，原來可以是這般爽然與輕柔。

抽濕，調理鬱悶的情緒

排了汗，身心明顯感覺清爽舒服，心情便會好起來，有助紓緩負面的情緒。

身邊很多人都病了，沒精打采，常常發呆，工作效率下滑。原因呢？不是因為發生了什麼家事感情事煩惱事，只是因為天氣持續陰濕悶熱，非常難受。大家的共同症狀是翳悶、心煩、疲累、呆滯、脾氣壞、情緒亂、容易病倒、舉步沉重，這些都是濕氣積聚體內的結果。

踏入春天是肝臟躍動的時節，這個天時最需要保護肝臟。肝壞了，其中一個最大的影響便是打擾情緒；或者反過來說，情緒不好的人，情志雜亂，抑鬱，長期處於不安中，也會嚴重影響肝的運作。

人借季節性氣候發病，令情緒反覆無常，所以春天是抑鬱症突發的高峰期。在四季分明的北方，踏入秋冬日光少的季節時，人自然會抑鬱起來，那是情緒病的高峰期。相反，南方地區四季不分明，日光時間較長，人少了秋愁現象，卻也會因為梅雨天時倍添傷感。

春天加上春節、情人節、元宵和清明節多個重要的節日，令孤單的人更感孤單，失戀失意的人更添自憐，憶故人的更感蒼涼。該怎樣處理這些心情呢？

抑鬱，是因為你的身體太濕。替身體抽濕是很重要的，身體積聚太多水分讓人無法運作良好，新陳代謝也會放緩，濕氣讓人作病，影響情緒。在濕度特別高的日子，雖然不太環保，也可能需要考慮開動抽濕機，或者開動空調的抽濕功能，減低室內的濕氣。人在清爽狀態下才能運作自如，重提活力和效率，頭腦也會較靈活，心情不易變沉重，不會留有太多呆滯的空間胡思亂想。可以諮詢中醫師，按照自己的體質服適當的怯濕利尿的湯藥，把多餘的水排出，感覺會爽朗很多，壞情緒也會明顯得到改善。

但更好的方法是做帶氧的排汗運動。到健身室練跑，踏單車，做能出汗但不太劇烈的運動，或者在戶外跑，注意要不斷抹乾排出的汗，別讓它倒流被身體吸回去，以免更容易受潮和病倒。排了汗，身心明顯感覺清爽舒服，心情便會好起來，有助紓緩負面的情緒。在這季節盡量多休息，早一點睡，讓肝臟得到充分的休息，尤其盡量避免晚上過了十一時後持續夜生活、飲酒、吃宵夜，虛耗精力，傷害肝的運作。

簡單緩慢的瑜伽動作是很不錯的排汗運動，同時可以舒展筋骨，平衡身心。排出多餘水分後，你看上去會美麗多，氣息也會轉好，比用昂貴的去水腫美容產品效果好千倍。

學習防止吸取負能量

當愛很強大時，它可以溶化一切負能量，
但凡人的愛最大的弱點正是不夠強壯。

客人A問：「我是不是特別容易吸引負面情緒的人呢？為什麼我靠近的、愛上的、合作的人都是情緒不好、容易抑鬱、會大發脾氣的渾蛋？是不是我的心理有問題？」

特別容易吸引負面情緒的人是有理由的，不一定是命數。心態和思想負面的人，他們擁有高濃度的負能量，這些負能量需要不斷向外擴張勢力，才能生存，助大自己。負能量需要大量糧食，所以它喜歡吸納成員，越多人加入它越滿足。我們不難發現，負面的人總是擁有一股難以說清楚的吸引力，他們憂鬱的眼神，悲傷的神態，往往相當吸引，讓人很想上前擁抱他，抹去他的悲傷，給他很多愛。

這是邪氣喜歡吸納正氣的結果。正氣若不懂得分善惡，容易被拉進負能量的漩渦裡，難以自拔，最後被負面情緒感染，變得憂鬱傷感，很難再走出來。因為不忍心離開，覺得自己總能幫助對方跳出來，可自己卻在不知不覺間被拉進萬劫不復的負面世界。

我們可以幫助受困的人、負面的人，但首要的條件是有足夠的覺知能力，能辨是非黑白，情緒要穩定，心智要成熟，明白世上沒有非你才能幫助的人，也明白你並不是能幫助他的人，最終需要靠他自己。假如你是比較傾向容易不快樂的人，應盡量少接觸或結交負面的朋友，遇上也不宜太投放感情，因為你較容易被他們吸蝕精力和感情，導致疲憊，虛弱自己，心態也變得負面可怕，容易胡思亂想，自尋煩惱。

女人尤其容易受不住負面病人的引誘，投放母性，以為愛能改變對方，讓他好起來。你錯了。當愛很強大時，它可以溶化一切負能量，但凡人的愛最大的弱點正是不夠強壯，在自己也容易質疑愛，愛得有心無力時，你怎能用虛弱的愛醫治別人歷久積累和強大的負能量呢？

可是，真的要不理他們，讓他們自生自滅嗎？不，他們需要幫助，但有能者並不一定是你。先放下個人情感，讓他們接受專業的治療和輔導，靠近強大和正氣的正能量，如找適合的治療師、自強課程，甚至開放的宗教組織等。其實他們真正需要的是自愛的覺知，願意改善自己，而非披著尋求幫助的外衣，蠶蝕別人的愛。他們能配合的話，自能逐步改善問題，不用你過分擔憂。先活好自己，才是給他最好的啟示，知道應如何活好。

距離是最好的緩衝劑

關係再親密也應該有自己的生活方式，別多管多問別人。保持距離自能相見歡，關係長久可親。

J的家婆對她很苛刻和挑剔，總覺得她搶走了她的兒子，處處為難她。雖然她和丈夫都希望孝順，但無論做什麼家婆都不滿意，兩家人住得很近，常常見面，結果產生很多不必要的磨擦。

D和家人住，早想搬出來，但怕母親寂寞，想多伴她，可回家總被母親管，在家沒私隱，叫母親別碰她的東西，她會覺得女兒不孝，嫌她老和煩了。她的工作壓力已經大，加上年過三十還沒有拍拖，面對好管閒事和批評她的母親實在受不了，結果患上輕度抑鬱症。

K的太太很喜歡管他，每天必須打幾個電話匯報行蹤，永遠不能一個人去旅行或活動，吃飯睡覺必須一起，不然她會覺得他不愛她了，婚姻生活必須如此。K受不了，天天和太太吵架。

最好的人際關係，是親近地保持距離，絕不勉強誰。

這道理不少人明白，但是難以覺知地做到。當你想和別人靠近，建立感情和關係時，你總想知道對方更多，掌握對方，控制對方，讓對方遷就你。你會在不知不覺間以你自己喜歡的標準向對方提出很多要求，覺得對方應該怎樣怎樣做，讓他受不了，失去私人空間，感到窒息難受。可是，你通常沒有察覺到問題，還以為自己的要求很合理，甚至覺得自己已很開放，很包容對方。其實你在製造壓力，懵然不知。

我們都容易忽視了原來不自覺地介入了別人的世界，干預了別人的天地，侵犯了別人的私隱和自由。我們都不希望別人干擾我們的世界，管我們太多，但我們往往是第一個先管別人的傢伙，可惡地因愛之名。

當關係惡化了，當你再做什麼也好像不管用，不做什麼也會無奈地引起對方的不滿時，這個時候，保持距離是最好的緩衝劑，應該搬開住、出門遠行、減少見面等，讓雙方回到自己的角落，有冷靜的機會，面對自己，少管別人。管人是心癮，虛耗自己和別人的能量。距離好，讓自己轉壞的腦袋得到休息，不再糾纏於天天見的困局，把緊張和執著稍為鬆下來。待能量回歸了，才看清楚道理到底在哪裡，才有客觀的自我反思力，才有解決和改善問題的機會。

因為不尊重別人的生活和私隱，破壞了本來好端端的關係，是強迫對方遠離自己，走到缺裂成仇的地步，真不值得。關係再親密也應該有自己的生活方式，別多管多問別人。保持距離自能相見歡，關係長久可親。

退隱一天也好

不管到哪裡，不管呆多久，給生命重頭再來的機會。別讓誰找到你，你也毋須要找誰。

找一處沒人找到的地方，關掉手機，只管當下，不計以後，不問世事，不再負擔別人，不用向誰交代什麼，好好歹歹過屬於自己的時光，屬於釋放和自愛的時空。好好和自己在一起，短期出走，隱藏生命。

每個人都要這樣善待自己，定期地給自己心靈休息的機會。這是樂活的基本條件。

容許自己構想離開，退隱一天也好。想想看，不如到台灣，找間海邊的房子，窗前就是一片大海的房子，寧靜一個月。朋友都說花蓮好，墾丁太吵鬧，台東有很多好地方，可以隱居一陣子。出版公司的老總告訴我，他們要在貴州山區的地捫建一個中心搞活動，叫我也去看看，適合的話可以在那裡隱居。幾年前在國內多個城市巡迴演講時，路經雲南，探訪過大理旁邊的小鄉鎮喜洲，走進當地人的生活點滴裡，看幹活的人在勞動，老婆婆臉上的年輪，孩子街上奔走的笑臉，樸實的生活，散發生活的溫度，滿心歡喜。

隱居要看的是平凡的場景、流動的生命氣息；隱居要過的是放下虛浮的消費慣性，還原生活的純樸，喚醒自己，生活可以比現實更踏實、簡單和具體。這種生活，是城市人早已忘懷的奢侈。

在香港，我一直過著半隱居生活，平日非必要不出門，尤其是不想跑到市區去。可以徒步便徒步，少坐車，多散步，或者寧願呆在家裡和小黑貓相依為命，過造造衣服、繪繪畫、彈彈鋼琴、吹吹尺八安安靜靜的日子，在大天、大海、大山旁邊寫寫稿，幹幹活。遇上好天氣，放下手上的一切，爽然奔向長長無人的沙灘聽浪聲，爬到高高山上抱樹拉拉筋，隱進去，活出來，不亦樂乎，平靜自會滲出來。

有朋友說希望隱居到著名的終南山，修行一兩年。這些年，陸續也有朋友不斷隱進各個不同的靈修地，印度的、尼泊爾的、不丹的、美國的、法國的、韓國的、日本的，學習靜心，修煉自己，幾年都不見蹤影。有些回來後變得更內斂、更冷靜、更知分寸，有些卻更迷失、更飄浮、更不接地氣。退隱後回來的你變成怎樣，是你自己的責任，跟他人和外在環境無關，因為負責觀照自己的人是你不是誰。

出走總比呆著好，退隱寧靜地，不管到哪裡，不管呆多久，給生命重頭再來的機會。別讓誰找到你，你也毋須要找誰。

請扭轉覺得這種出走方式是很奢侈的歪念。退隱原是很踏實的自我修行，教你在慣性中暫停，從迷失中回魂，回頭看一眼自己到底活得有多迷失或窩囊，或者乾脆地看到自己活得有多累，醒覺原來一直忘記休息和充電。沒時間，沒資源，沒能走開很久的話，不打緊，退隱一天也好，一天也能更新慣性，一天也是生死循環的神聖經歷，善待每天給你珍貴的清醒意識，好好活過去，一天也不願浪費。

不用煞有介事尋找所謂靈修地，或者執著需要找到遠離市區多一點，能靠近大自然多一點的地方尋安靜。身在城市裡，還是可以安靜下來的。在重複的日子裡，稍給自己一天的假期，喝一杯清茶，曬半天太陽，聽一夜浪聲，到離島或山上露營一天，在圖書館裡靜修半天，到你住的地方旁邊的小城小鎮呆半天，到公園坐，到菜市場觀光，像遊客的角色，在煩囂裡逍遙，回來你會不一樣。

退隱不是散心旅遊，而是讓散失的心回歸，享受內在的靜謐，與孤獨相愛。

只要你願意，放下眼前一陣子，每個人都可以成為都市隱者。

息怒，從調校飲食開始

我們平日的飲食作息習慣，能間接影響我們的怒氣或脾氣。

傭人因僱主對他的工作要求飽受壓力，狂性大發，怒氣沖天，結果殺死了僱主。誰都知道，假如傭人的情緒智商和管理怒火的能力高一點，怒氣一消，便不會犯下不能挽回的大錯。

不過是一念之差。

但怒氣正是喜、怒、憂、思、悲、恐、驚七情中，對自己及他人的殺傷力最大的情緒，不是因為它的能量和發作頻率比其他六情強，而是因為它出現的速度太快，能像海嘯的能量一樣，排山倒海襲人而來。即使是恆常的修行者，在這非常關頭也難壓怒火，被它控制，自傷傷人。

怒火的可怕是，不只你一個人受害和承受。佛陀說過：「你生氣，是在為別人的錯誤處罰自己。」很有意思。

怒火一起，定力再強的人也會失控，做出後悔或愚蠢的事，而這些事絕大部分對事情毫無正面意義，只會惡化問題，加劇負能量。如何息怒，是都市人修心的大學問。

有人上提升情緒管理的課程或閱讀相關書籍，有人投入宗教借助超越的力量控制自己，有人靠閉關修行磨煉自己的情緒，都不賴。不過，更多人學習是一套，實行是另一套。道理都明白，就是做不到。息怒，真的不容易。

怒火能惹人衝動，容易利用暴力反抗，其實是生理的自然現象。被觸怒的腦體釋放出提高呼吸、血壓、腎上腺素的物質，所以憤怒的人很難壓抑身體，容易動武，因為身體功能在瞬間改變了。但更多人沒注意的是，原來脾氣壞、發火，也可以是腦細胞過勞和受損引起，甚至是慣性作息飲食不良的結果，責任不全在觸發怒氣的事情上，發怒者只是借勢失控而已。這說法涉及一個事實：我們平日的飲食作息習慣，能間接影響我們的怒氣或脾氣。

尤其是飲食習慣。我在做自療諮詢時，都會訪問客人的飲食習慣，不難發現他們都有一個共通點：吃容易惹火的食物，如牛肉、火鍋、燒烤、麻辣等，再加上煙酒和夜眠，工作時間長，缺乏恆常帶氧運動，都容易讓身體燥熱，肝火盛，把身心變成乾巴巴的導火體，一觸即發。有人更每天滴水不沾，只喝帶甜味的加工飲料，或咖啡奶茶，及狂吃甜品零食，攝取的糖份過高，影響血糖水平，也是讓人容易發脾氣的重要原因。

息怒的條件是願意愛自己，避免進一步助燃怒火能量。不妨先從飲食習慣開始改善問題，而非單從心靈修養開始。前者更踏實容易，後者卻需要很長遠的心性調校。

關於調校情緒的食療方案，請參考本書第四章「回歸生活　從衣食住行重整自己」。

慎言，用唱歌代替喋喋不休

喜歡說話的人，同樣是喜歡胡思亂想的人，因為缺乏安全感，害怕寧靜。

有位年輕的女子找我治療憂慮和沒安全感的問題。她是典型不斷思想，喜歡自我分析的女人，把過去和現在的經歷不斷重複翻案，每天不斷想呀想，以為了解現在的自己，必須從過去的自己開始。於是不斷找心理學的書研究自己的「個案」，判斷自己的「病症」，「得知」自己患了什麼什麼症後，感到更憂慮難安。

她有很多人都有的說話毛病，就是不斷替自己所說的辯護，反駁對方，重複自己堅信的結論。很多受療者像她一樣，借見治療師強調自己有病而非尋求治病。或者說，其實他們太愛自己的「病」了。

還有，喜歡思想兼喜歡說話的人，說話的速度通常相當快，有說不完的內容，都是過去某事件的詳細內容。跟他們說話，就像聽一個在警署落口供的報案者一樣，哪年哪月哪日發生什麼，自己說什麼，對方說什麼，仔細得像拍電影。他們會不斷重複使用某些句式，如：其實我知道……我知道啊，但是……對呀，我就是常常這樣的……

他們貌似很理性地看到自己的問題，不過他們看不到的，是自己說話背後的固執，堅持只有這樣才是自己的固執。他們其實太愛慣性思想和自我判症所產生的快感了，讓自己感到很明白自己。想著想著，身心疲累，卻不想放下思想，放生自己。

大部分人，都捨不得放下自己所想的，覺得離開不斷的說話和思想，就像沒了自己，感覺不到存在著一樣，十分虛無。思想就是說話，兩者的分別只是前者表面沉默而已。說話和思想一樣，每天耗損我們很多能量，讓我們很累。喜歡說話的人，同樣是喜歡胡思亂想的人，因為缺乏安全感，害怕寧靜，需要不斷用說話填滿空虛感，不想面對孤獨的沉默。

想呀想只是壞習慣，是可以調校的。亂想太多、自辯太多的人可以怎樣調校自己？

要尋找內心真正的安寧，不再因為亂想而變得抑鬱焦慮的話，可以做以下的建議：

1 注意自己的說話模式：不妨錄下自己和別人的對話，回放細聽，你將親耳聽到慣用的否定式句子、不離口的負面內容。

2 試刻意多說較正面的句子。

3 試慎言，少說話。

4 若一時間無法減少喋喋不休的說話和思想，可以用唱歌代替，重複哼自己喜歡的歌。最理想是哼著純粹的音調，或唱簡單的、輕鬆一點的歌曲。一首歌的歌詞再多也不過那麼幾句，總比越想越倍增的負面思想和說話內容更環保和節儉。

少說話，多做事，這叫做閉嘴的修養。

自救的黃金半小時

在這半小時內徹底放下工作，不帶手機，不說話，給自己安靜的休息時空。

患高血壓和糖尿病的R開始每天飯後堅持散步半小時。

他是上班族，高壓力類型。發病前他的生活只有工作和家庭，把所有精力投放在開會、寫報告、罵下屬和管理五、六十人的部門，同時遙控家務助理如何照顧他兩個讀小學的兒子。回家一定要看完他們的功課才去睡，還要管妻子的工作和進修的問題。好男人一個，24/7的超忙碌生活，沒有任何私人時間和活動，一直以為自己不過四十歲，還有精力處理一切事。結果一天上班途中差點暈倒，被送到醫院檢查才發現上壓高至220，糖尿也超標。醫生下令他必須吃藥、做運動、休息，不然很容易猝死，賺再多錢，家庭再幸福，也怕他沒命享。

他最初不相信自己會得這種病，不過是比較忙一點，幾乎所有香港人不是也跟他差不多嗎？他來找我，我替他梳理了他的生命真相：1 過分虛耗能量，加劇衰老，催生了疾病；2 和家人的相處並不和諧，只當一個管理員，忘記了給予溫度；3 失去了個人生活，年中無休，以奴役換取安定和所謂的成就，導致身心不平衡，忘記如何放鬆自己，情緒經常不怎麼好，也患上嚴重失眠，還因長期便秘而生痔瘡；4 自孩子出生後，他已5年沒放過假，身體忘記了休息是什麼狀態，變相病了也沒有警覺性；5 多年沒做運動、沒外遊，每餐在外邊吃，身體越來越胖，頭髮越來越少。

這些，不過是一些明顯的病狀而已。更深藏的身心勞損，還沒有表露出來。可是，還要等什麼時候才讓自己停下來，休息一下呢？

我建議他即使不能馬上改變自己的生活慣性，也需要每天抽半小時出來，留給自己平衡身心。在這半小時內徹底放下工作，不帶手機，不說話，給自己安靜的休息時空。

譬如飯後散步。這是最好和最懶的方法。

晚上吃飽後，不要馬上做別的事情，給自己純粹的天地，到公園或屋苑平台花園散步30分鐘，張開眼睛看四周，打開耳朵聽蟲鳴，注意自己的步伐，跟著節奏數拍子。一二三四五六、一二三四五六。慢慢走，沒什麼需要急趕。

這是一天最神聖的時刻，讓能量充電，心平氣和。

他照做了三個月，效果顯著。脾氣好了，血壓低了，面容也放鬆了，感覺年輕。他說：「原來輕鬆的感覺是那麼好的。」

他的改變，也是給你的鏡子。

和失眠做朋友

先和失眠做朋友，和它修好關係，它感到被尊重了，被照顧了，便不會再纏擾，自會離開。

負能量多由壓力引發，影響情緒。壓力的其中一個為人忽略的源頭，原來是因為我們不懂得休息，簡稱：累了。

疲累的人脾氣特別差，失去耐性，容易發火、抓狂、挑剔、罵人。你會發現，脾氣不好的那天，早上多半是賴床不願醒來，昨夜熬夜睡眠不足，或者操勞過度卻睡不夠等等。累了，心情自然差，承受壓力的能力也會下滑。

之前說要停下來，休息，是要有條件配合才能做得好的，那就是，要讓自己睡得好，睡得夠，為自己充電。但都市人的失眠情況極嚴重，需要認真正視和調校。

治療失眠不容易，最關鍵的不是方法，而是心態。

這說法可能很多人沒注意過。一般處理失眠問題的方法，不是用藥，便是用不同的方法教你放鬆，讓睡眠得到優化的前奏，希望能速成入睡。可是這些方法往往不能達到理想的效果，因為，無法入睡的關鍵原來是我們對失眠抱持了敵對或抗拒的心態，覺得必須找辦法打敗它，驅趕它，視它為大敵，它一來你便緊張、皺眉，心急想趕快驅走失眠，為放鬆徒添壓力，所以事倍功半。這就是問題所在。

大部分人的失眠是因為緊張、敵對、能量處於負面狀態。你和失眠的關係一旦被定位成為負面狀態，便很難互相協作，你越想失眠離開你，它越覺得被抗拒，越想黏住你，其實黏著的背後力量，正是你不願意放過它，它也不放過你的結果。

我們可以換一種方式處理失眠。

希望疾病、痛苦、煩惱離開自己，最好的方法其實是首先接受它們，甚至歡迎它們的存在，因為它們既然是出自你自己，也就是屬於你的一部分。

先不要排斥，給潛意識留下陰影，結果關係搞不好，製造更大的緊張和矛盾。

不妨先和失眠做朋友，接受它是你的一部分，不用多問原因，完全的接受它，別製造負面的暗示，如「再失眠下去我就死定了、我希望失眠快走、我不想再有失眠了……」之類。我們的目的可以是讓失眠遠離自己，但心態要平和、溫柔，給自己心理暗示：失眠是被我孤立了的朋友，我要先和它修好關係，它感到被尊重了、被照顧了，便不會再纏擾，自會離開。就像小孩感到被關懷了，滿足了，他自會聽你話，不然，你越是罵他，他越和你作對。

心態接受了失眠，不再抗拒，身體馬上會起變化，可以真正的準備放鬆，不再緊張了。

睡前注意以下的細節，可以大大提升入睡率和睡眠質素：

1 最少兩小時前不吃東西，別喝太多水。

2 最少兩小時前別跟家人、朋友、同事等講電話，避免激活思維和情緒，因它們難在短時間內回復平靜的生理機能。

3 避免看緊張刺激的影像。

4 做最少十分鐘溫柔的拉筋或柔軟體操，讓身體準備好放鬆。

5 盡量把房間調至零光源，以免刺激腦細胞，給予錯誤訊息讓腦袋以為你還在工作，不懂得「關機」，以致難以徹底休息。

6 可播放舒服的純音樂，敲聽靜心銅磬，或用優質的純精油香薰伴隨入睡。

7 可以邊看輕鬆的電視節目或播放輕柔的音樂，邊泡腳或泡浴，完後入睡。

8 別忘了調整情緒。晚上是容易陷入抑鬱和負面情緒的時候，情緒不好時，難以入睡。晚上不要刻意靜放悲情歌，應盡量避免看悲情劇，臨睡前注意別接觸會加深負面情緒或勾起負面記憶的事物，如寫負面內容的日記、聽曾經和舊愛一起聽過的歌、看過的電影等。保持情緒中性或輕快，自然容易入睡。

9 上床時，關掉燈，使用 4096Hz 水晶音叉在身體上畫大圈清理身心一次，再聆聽沉靜的 136.1Hz 的 OM 靜心音叉，或放在百會、風池、角孫、太陽等穴位上振動，進入徹底放鬆狀態，有助安然入睡。這方法對長期嚴重失眠者效果顯著。

以上是處理失眠最基本的自助方法，每個人都可以靠自己或簡單的小自療工具能做到。

放生大小便

每天最少排便一次，不能少於一次，
別管誰說多少天排一次也算正常。

大部分來找我做情緒自療諮詢的人幾乎都有一個生理性共通病：便秘。

這並不是湊巧的。大部分情緒受嚴重困擾的人，原來都有便秘病癥。也可以這樣說，便秘讓他們感到不舒服，長期在生理隱憂中，導致或加劇不安的情緒。

沒有大便的那天或那幾天，你會感到身心不舒服，無法從容地工作和幹活，總是覺得有事情未解決，坐立不安。若那天能有大便，完事後你會馬上感到像卸下重擔一樣的爽，久違的笑容會出現，會放鬆地吃想吃的食物，活著忽然充滿了樂趣，你感到還有很多空間可以做更多想做的事情。

緊張、壓力、忙碌、奔波、悲傷等都會影響排泄功能。希望盡快得到通便效果，須要從飲食入手，因為靠放鬆自己來通便較困難，心結未解開，很難鬆弛。飲食習慣則較容易改變，沒有做不到的理由，成功與否，關鍵只在願意或不願意上。

每天最少排便一次，不能少於一次，更好的甚至是兩次，別管誰說多少天排一次也算正常。大便是多餘的廢物，是排毒的自然功能，積在體內的殘餘食物逾半天會變成垃圾即毒素。像你要天天清理垃圾桶一樣，幾天丟一次垃圾臭味已讓你受不了。你的腸臟也一樣，要天天清理。

要改善便秘問題，必須先願意和實行改善飲食習慣。可注意以下的幾個重點：

1 排便有時間性：按《黃帝內經》的說法，凌晨五點到七點是行走大腸經，這是最理想的排便時間。現代人生活節奏已和古時不一樣，較理想和方便的排便時間是早上起床後至中午前這段時間，應習慣早上起床後排便，排走廢物清理身體。

過了這段時間，要排便會更困難，因為生理上和精神上已處於壓力狀態，要處理很多事情，忘了放鬆，而且進食後腸臟會累，不易費力排便。這點要多注意。

2 **試多吃通便食物**：譬如番薯，每天早上起床吃兩三個蒸熟的小番薯，連皮吃。你會發現較容易感到需要排便。還有奇異果或香蕉，視乎自己的體質來吃，這些都是高纖非加工水果，較容易刺激腸臟的蠕動和排便慾。早上不想吃東西的話，可以空腹飲暖的蘋果醋加蜂蜜，或者溫水黑糖蜜（blackstrap molasses），或者室溫的西梅汁。平時沒喝咖啡習慣的人，便秘的話可試空腹飲一杯黑咖啡（不放糖或奶）。這些都是最容易蠕動腸臟的飲料，很多便秘的人試過都能在短期內產生不同程度的排便效果。

3 **早餐後要走動**：吃過上述的飲食後，要加強排便慾，關鍵是走動，不要呆坐等待。

4 **注意日常飲食**：盡量吃得清淡，多做運動。廣東菜心的排便功能比其他蔬菜好，宜多選吃。吃容易上火的食物，臨睡前進食，吃太多麵包、乳製品及甜品，少吃高纖蔬菜，加上精神壓力大，不做運動，都是便秘的元兇。

5 心理暗示：給自己心理暗示今天能排便，便秘問題便較易化解。

6 大便的姿勢：35度角的蹲姿是最符合人體設計的自然排便姿勢，直到現代馬桶的流行後，這良好姿勢才被取代，也間接帶來種種現代病如痔瘡、便秘、大腸炎、盲腸炎和結腸癌等。蹲姿排便的道理很簡單，原來大腸長約6英呎（即約1.8米），糞便在被排出前堆積在大腸裡，最後從直腸排出體外。以坐姿排便的話，它的肌肉只是部分放鬆，以蹲姿排便的話，肌肉才完全放鬆，這樣排便會更輕鬆和徹底。坐在馬桶大便時，雙腳踏在一張小矮凳上，便能達到較好的排便角度。

放下你的手機

別以為你是為了害怕遺忘才巴不得把事情「記錄」下來，事實上正相反，你是為了「忘記」。

十年來，我一直用著的，都是超級低智慧的諾基亞手機，直到今時今日。2G，黑白屏，沒拍照功能，不能上網，熒幕上還留有被撞擊過後留下的深深裂痕。很好，這個小東西，夠用了。反正我很少接電話，也很少打電話，頂多發個短信，平常用來看時間，早上用來當鬧鐘。

擁有一個沒有拍照功能、不能上網的手機，你會不會感到像斷了手腳，聾了啞了一樣的不安？瞧，你已變成機械人，居然少了一兩個功能便像不能正常運作一樣的恐懼和不安。當你習慣了順手把眼前的東西隨便拍下來，然後像害怕沒有人記起自己的存在一樣，緊張地把拍到的東西貼到網上跟別人「分享」時，你已進入病態。

看到有意思的事物時，最初可能會急不及待地把它拍下來。這樣很好。不過，慢慢地，當你能放下手機，用眼睛直接親近那影像時，這個影像便真心的留住了，因為你選擇了用最原始的方式和它親近，和世界真正連結起來。所謂親密，就是從眼睛對眼睛的距離開始，不是舉機拍照。

到底有什麼是非拍下來轉發不可的呢？假如不過是把你的行程、剛買的東西、準備要吃的食物、偷拍的東西，甚至是做愛的情景都一一向根本不在你身邊的人分享的話，你到底是為誰而活的呢？自己早已不存在，因為你早已放棄了私隱，寧願公開自己的一切換來被關注的假象，瞧，你只剩下渴求被全世界看到和知道的心理虛空，一無所有。

我在每次演講會上都會先跟觀眾說，請大家放下手機，不要再拍我了，我沒什麼好拍的，你不是來看我，你是來看你自己。

然後，大部分人都會乖乖的放下手機，用心聆聽，演講才開始有意義。

其實，你到底是為了什麼而拍照呢？別以為你是為了害怕遺忘才巴不得把事情「記錄」下來，事實上正相反，你是為了「忘記」。自己的眼睛不去看，卻借助機器的眼睛記下來，從此你就不用去記下什麼了，看穿了自己沒有？原來你連記住的能力和意願都沒有，沒心沒肺。

於是，不拍合照的情侶便不是情侶，不先拍下桌上的食物等於沒吃過一樣，不把景點拍下來就像沒去過旅行，不拍下老師授課的筆記就像沒上過課一樣。其實，沒有手機的話，你到底真的活過嗎？

就像網路上媒體裡充斥的眾多資訊一樣，目的不是令你記住什麼，而是盡快忘記，令你盲目地需要更新、更多的內容，忘了再來，忘了又再來。你被這個氾濫資訊和物質的年代吞噬了，無意識地被催眠，被引導需要看到很多，知道很多，卻視而不見，知不求解，活在泛泛虛空的大堆慾望垃圾中，刻刻感到不安、不足夠、不充實，寂寞難耐。

消費視覺和資訊已成為你生命中虛擬的救贖，你已萬劫不復地掉進這個迷失視野的陷阱裡，難以清白自己。你甚至害怕寂靜，因為這意味著你必須面對自己一個人，赤裸自己，你寧願往外看，消耗能量，也不願意往內看，修養自己。

別笑我落後，這是什麼年代，還用古老的手機，追不上科技。嗯，也是的。不過事實上，因為我沒有依賴手機代替自己去用心看、聽和說話，自然能保存較完整和健全的身心，容我能一針見血看到別人的盲點和內心，治癒混亂和困苦。因為我活在清明裡，不依戀假象。

放下手機，別忘了，你原來擁有一雙眼睛。

為親愛的人準備早餐

為親愛的準備早餐，或者感恩有他為你準備好早餐，享受分甘同味的幸福，能為一個家孕育出愛與療癒的力量。

別瞪眼反應，為親愛的人準備早餐是很療癒的自愛和他愛方式。假如你能安排到，請真心嘗試做，會為你和家人帶來意想不到的親密愛效果，化解彼此收藏的不快或悶氣，減低家人之間的負能量。

朋友C告訴我：「即使再忙，我也會堅持為家人做早飯。」

多少人能細膩地感受到這句話背後的那份細密愛呢？

可能更多的伴侶會覺得：不用那麼煩了吧，到快餐店搞定就是了，省時間又有更多的選擇。更多的孩子也可能這樣想：給我零用錢吧，我到外邊吃不是更爽嗎？因為可以吃到媽媽因為太關注所謂健康，不顧美味而棄之不做的、油膩但好味的炸雞薯餅等。他們甚至更樂於乾脆把早餐的錢悄悄省下來，買下心頭好。

現在的孩子到底是誰造早餐給他們吃呢？家傭？快餐店？麵包店？還有媽媽（當然更可以是爸爸）會親手做營養早餐（而非即食麵）給孩子吃完才上學嗎？還會有伴侶為要上班的愛人做早餐甚至準備好午飯飯盒嗎？

我還深深記得，小學時寒冷的早上，媽媽把我們叫醒後，已為我們準備好熱騰騰的「有味飯」（即把菜和肉混在飯裡一起煮，吃時可略加一點醬油調味），吃後暖暖地上學。那時沒有保溫飯煲，不能隔夜煮飯。可以想像媽媽是何時起床做飯嗎？那些年不知媽媽好，小朋友嘛，都不喜歡吃米飯，還嫌飯不好吃要媽媽又哄又喂才吃完。現在才知道，吃過媽媽早飯的人生有多圓滿多幸福，因為當你長大了，經歷過人情冷暖後，才發現原來能守在你身邊，無條件為你付出、愛你、支持你、服侍你、寵你的還剩下多少人？

能擁有最親的人為你準備早餐的記憶，還有比這更幸福的被愛感嗎？

這份幸福感，足夠療癒偶爾感到被遺忘或離棄的孤單感。

當你以同樣的深情，為你最愛的人奉上過最溫暖的早餐，只要看到他回你一笑已感到幸福，百病自癒，鬱結盡消。又假如你有幸，身邊的伴侶喜歡做菜給你吃的話，請你好好珍惜。

別小看做飯背後的工夫，那也是最多人嫌棄的工序。從市場背著重重的食物回家，沒多休息幾分鐘的餘地便要準備食材，洗洗切切，因為有些菜，需要長時間烹調才入味和出味，心思小一點也做不到滲透和醇厚的味道。更重要是，那味道不是館子裡千篇一律的味精製成品，而是出自愛的工藝，為他身體好而放的水、下的鹽、調的火。試過味，覺得好吃才給他品嘗的。他吃到的不再只是一道菜，更是食物送到嘴邊體貼的親吻。

朋友C的這句「即使再忙，我也會堅持為家人做早餐」的背後，是一份堅持親密品質的體貼愛，而這份愛，才是愛的核心。不是說，我讓你做你喜歡的事就是最自由的愛，這同樣地也可以是粗心的愛，因為你可以不再理會對方真正的需要，和反省你到底有什麼可以為對方做，為對方好。你漸漸忘記什麼是貼心，更忘記每天重新認識、觀看和發現對方一次，保持親密的新鮮度。然後日子過去了，當你感到感情變淡了，在搜索你和他之間究竟擁有過什麼親密的、最基本的生活記憶時，你卻發現，原來每天起床後沒多看對方兩眼便出門去，更沒有愛心早餐的滋養。你和他，不過是形同陌生的宿友，各自各過活，欠了能放進肚子裡的親密愛。

為親愛的準備早餐，或者感恩有他為你準備好早餐，享受分甘同味的幸福，能為一個家孕育出愛與療癒的力量。

回歸生活

從衣食住行重整自己

然後 eventually

作曲 / 演奏：Paul Yip　樂器：鋼琴

在 YouTube 欣賞：
素黑《踏踏實實愛自己》- 第四章章曲：然後 eventually

自愛，從喝好一杯水開始

你若處理好你和水之間的關係，可以說已搞好七成的人生，掌握自己七成的命脈。

別小看一杯水。

正因為你以為天天無意識地喝水，所以便忽略了關心它，就像你最忽略的都是身邊最親的人一樣，而他們才是你生命中最重要的寶。

當你說：我願意愛自己，我願意愛他時，你要知道你在說什麼，應該做什麼表示你說話的真誠。說願意愛一個人要很具體，當愛脫離了現實生活，尤其是最基本最微小最不顯眼最低調的層次如喝好一杯水時，你所說的愛便變得輕浮，不切實際，不過是想出來的浪漫，風一吹便飄走。

為什麼是水？

因為水是生命最重要的元素之一，佔人身體百分之七十以上的成分。身體比什麼都現實。你若處理好你和水之間的關係，可以說已搞好七成的人生，掌握自己七成的命脈，厲害不厲害？

可是，很多人都瞧不起平凡的水，把關注投向複雜多變，能提供更大快感的官能刺激如美食、衣裝等，對吃的穿的豪華享受要求多多。可是對於水，總覺得平淡如不再交談的老夫老妻，提不起激情的勁。你甚至會因為被太多花巧和騙人的廣告催眠了，連口味也調不回來，早已離棄了沒味的水，有人因此整天不沾一滴清水，喝的都是人工化學飲料如所謂的什麼維他命水、能量水。而這些人，偏偏就是寫信給我控訴際遇不好，得不到愛的受害者。細問下，大部分都不覺得也不認為要重整自己的人生和處理好眼前的問題，是可以從學習喝好一杯水開始的。

喝水是一種修養。

不懂得喝水，能直接影響你的情緒和健康，同時也反映你粗心和輕浮的處世態度。喝水是一種修養，正如傳統的修心養生之道，從喝好一杯茶開始一樣，發展出茶道和茶禪。一個隨便把水倒進口裡的人，首先他的品味能力一定低，因為沒有從水的淡然中細品它的清純，讓這份清純融進身體每一個細胞裡，與血脈相連。喝好一口水就像專注地淨化身體一樣，讓這一口水溫柔地流過變得黏綢的血管，打通內外的閉塞，你才開始準備好打通思想和視野的便秘，做個開放的人。

喝水小常識

喝水有太多學問，有些小常識需要知道，避免因喝錯水變成害：

1 晨早起來第一杯水被稱為「救命水」，是替內在洗澡的水，把一夜代謝後的垃圾排出，最好喝大杯白開水（清洗）、檸檬水（清肝）或淡鹽水（淨化），並有助排便。

2 平常應少喝瓶裝水，因塑膠瓶含有不良化學物質，尤其是當瓶子在高溫環境中如擺放在汽車內，喝這樣的水如服毒。

3 燒水時注意，別一燒開便喝，因自來水都經過氯化消毒，氯與水中殘留的有機物結合會產生鹵代烴、氯仿等多種致癌化合物。建議讓自來水先放一會才燒，水快燒開時把壺蓋打開，待水燒開後再繼續燒三分鐘才熄火，讓氯含量降至安全飲用標準。

4 減少飲用人工製成的瓶裝飲品，不管它聲稱含有多少營養素。說穿了，不過是大堆化學物，花錢也傷腎。尤其是整天喊著要減肥的女生，辛苦做一小時的跑步運動所燒掉的脂肪，不消三分鐘便被一瓶汽水或甜飲填回去，親愛的你不是白活了是什麼？

我和水重修關係的經驗

人體百分之七十以上都是水構成的。
調理身體，其實就是要從調校水開始，
和水重整關係。

自小，不知哪裡來的印象和執著，總覺得生命裡有某種力量跟水一直相沖。身體和水本來就是水乳交融的共依互存關係，在我的身體裡，卻像隔了一個偌大的沙漠，彼此只是對方的海市蜃樓。

小時候怕碰水，不敢學游泳，喝水也很少，每每因為過分投入一種手作玩意如替娃娃造衣服或用心畫畫後，就會完全忘記時間，六小時屁股不動，忘記喝水，也忘記尿尿。被媽媽發現後，通常會被責罵，而忘記喝水的後果是被罰必須停止作業。那些可是我最喜歡做的事情呢，卻因為沒喝水的緣故被罰停，對水便隱隱懷上一點怨恨。都是水不好，不是你，我便可以放肆地做自己喜歡的事情了。

家裡的大人會督促我要多喝水，說多喝水皮膚才能像二姐般白皙，像鄧麗君一樣。對，那個年代，鄧麗君是淑女、美人的標準，聲音甜美，皮膚白滑。可我天生皮膚偏黑，被大人認定為喝水少變醬油色了，不好看，於是替我起了一個不典雅的外號：豉醬。直到後來皮膚同樣偏黑的一代美女朱玲玲小姐當選了香港小姐冠軍後，我的黑才不受到歧視，而我的外號便從「豉醬」升級為「朱玲玲」。

被誤導以為喝水不夠，皮膚才會乾燥，長大自學醫療後，才知道這跟喝水多寡沒有絕對關係。

被否定的童年陰影，似乎都跟水有關，總覺得水跟自己性格不合，明顯是心理隔閡影響主觀好惡的典範。稍為長大後才體會到，越是不明所以抗拒的東西，越有了解的價值，要不是它真的是壞透，啟動了自我保護的程式而產生抗拒，就是它一直在呼喚自己去面對潛意識裡壓抑的、沒處理好的、此生要來結的賬——那些我們一直在逃避的東西。

事實上，我發現自小的身體問題，恰恰跟水有可大可小的關係。父母給了我腎臟並不強壯的體質，自年輕時代開始便感到喝水後肚子會不舒服，原來不是因為水對我不好，而是提醒我要去調理處理水的器官：腎臟。可我卻一直不覺知，只懂得抗拒，不舒服就乾脆不喝。

我說「自愛從喝好一杯水開始」，並不是一句勸人自愛的口號，而是實實在在的自療態度和方法。沒有喝好一杯水，你不會了解自己的身體為何會這樣，譬如怎麼老是感到疲倦，怎麼下腹常常脹腫，怎麼腿和屁股總是肥胖不好看。很多女生誤以為自己需要減肥，於是瘋狂節食，問題卻不在吃多了，而是沒調理好腎臟，出現水腫，要消除的是水腫而不是脂肪。人體百分之七十以上都是水構成的。調理身體，其實就是要從調校水開始，和水重整關係，最科學不過。

於是，我花了大半生專注地只喝清水，實驗不同的喝法，不同的濾水器，不同的水源。礦物水、電解水、π水、蒸餾水、山泉水……何時喝、喝多少，喝後身體的變化是什麼，都一一記下。然後，我便知道水跟自己的關係，原來每天最少要喝八杯水的說法很有問題，原來水比世上你最愛的某人還要愛你、體貼你，可以改變你一生，令你做個更好的人……

絕對不是空談。

當我和水的關係拉近了、親愛了以後，奇妙的事情便發生：喝水感到很舒服，也開始不怕水，自學了游泳，即使把自己拋下水時已年過三十。也因為自學治療方法的關係，十多年前便開始進入其他飲料的療效研究，譬如咖啡是我用來排毒的工具，平時不會喝，需要時她就是最好、最快的排毒和排水醫師。茶，倒是一直又愛又恨，因為體質偏寒，喝茶後會感到虛。可一直知道茶是養生和修心的極品，那怎麼辦呢？跟身體商量，跟她協定，學習喝適合修心的茶好嗎？她說好。和她印了手，茶緣便開始湧現，謙虛地學習茶的種種，也開發了「茶修」的自愛方式。

我的茶修經歷

你的身體就是你的道場，茶是讓身體修靜的最好工具。

因為體質偏寒，喝茶會虛，我對茶，一直又愛又恨。那一年到杭州演講，朋友帶我認識一位賣茶人。那時我是不喝茶的，喝也必須在飽肚後，不然會頭暈心悸。賣茶人看到是我，滿心歡喜，大力推薦他家最好的普洱茶，強迫我無論如何也要喝。我是那種不懂、不願也不需要為了給面子而勉強自己的人。那時空著腹，不宜喝茶，我最清楚自己的體質和身體反應。儘管她一直強調是「絕對不會有問題」的「正宗」熟普。我只答應喝一小杯後便堅決地拒絕繼續喝了。

但對方大概想展現自己的好客，滿足推銷茶的目的，以熱情到目中無人的強迫症病態方式纏著我不放，不停地強調：「放心，沒問題的。我們都這樣喝，沒有人有問題的。你相信我。」這句話重複了至少三十遍後，禮貌的限度已超標，我不得不堅決地對她說：「對不起，請不要再勉強我了，不能這樣對待茶的。」

她才醒覺原來自己一直在強迫人家喜歡她的茶，並未關心對方真正的意願。其實她這樣對茶比對我更欠尊重。

也有某個男生，一味向我推銷他的茶有多純正，有多好，叫我別聽其他人的。他說：「他們知道你單純和無知都會騙你。」我問他：「你的茶到底有多好？」他句句不離「這是上等茶啊，現在一公斤要X萬了，產量有限，每年漲價幾倍啊。」可能我聽錯，一直聽到他推薦的是茶價，不是茶。茶，到底在哪？

當然，那時候我也分不清茶的品性，儘管不同的人都有不同的說法，譬如：「喝紅茶或烏龍吧，虛寒的女生最適合；喝普洱吧，咖啡因最低，那是最溫的茶，連出家人也喝它調身體，不可能暈茶；喝我們家出產的茶吧，我們自己都喝的，你放心好了，喝茶對你好；來，給你試極品老茶，喝過才知道什麼是真正的好茶，其他茶就別喝了……」

怎麼喝一杯茶，忽然變得那麼複雜？那麼多 must（必要）和 don't（不要）和 $$$？為何本來單純的東西，涉及利益和名譽，最終便變成各立門派，各分山頭，吹捧自己，抨擊別人，自己才是第一正宗、第一傳人、第一和第一。說茶的人多，

安靜地打開五感修心品茶的人少。

只關心推銷自己的茶和茶價的人相信都沒有真正喝過茶，只是玩過茶而已。現代人為了暴利，把次等茶混入高質茶，採用密集式的茶樹種植法，狂噴農藥，混合多餘香料，吹噓哪座茶山、哪棵單株樹有多古老，有多矜貴，有多少市場價值。自然生態受害了，土地貧瘠了，引進農藥後這二十年，已種不出單純健康的好茶。能遇上為了好茶，讓茶農珍惜土地甘願保育而不濫賣、不漲價的茶商，更是難上加難。茶和土地的天然資源是上天賜予我們共用的禮物，應該得到保護，而不是剝削它們來牟取最大的利益。

現代人的「衣、住、行」都為了方便而需要靠別人製造、建設或代辦，但「食」卻是較有彈性，可以由自己調校的，你可以選擇放什麼進口裡。喝一杯茶，原不需要外界太多的介入和定義。你的身體就是你的道場，茶是讓身體修靜的最好工具。以茶來修行，通過認識、品嘗來尊重茶生態，從茶的豐富層次和變化中學習內斂，看清楚自己。

喝茶前先虛懷，茶會為你開放。

含有「色、香、味」的茶，假如來源是乾淨，「質」量能保證可靠的話，可以用來「品」。能圓融「色、香、味、質、韻、氣」六元素，尤其是天然有機、耐泡、耐品、耐深化、耐回味和回甘的古樹茶，可以用來「修」。能修的茶不多，尤推古樹普洱茶。

很多人是用腦袋去喝茶的，尤其很多所謂的「專家」，對茶不恭不敬，茶未喝已下定斷。尊重茶的人、認真的品茶師，必然是安靜和內斂的，品茶時謝絕破壞味蕾的煙酒或香薰，甚至品茶前後不吃肉或濃味食物。專業的底蘊是敬重，放下自我和習性。

如真正的法國品酒師或香草師不以大師自居，不會得意忘形，不任性吸煙，為避免周遭氣味混雜和聲音干擾，連香水也不敢塗，還會禁言、清淨身體和雜念，如此才能專注地品嘗，分層次、評品質。

這些年，*茶修於我最大的領悟，除了是它能讓人養生、感恩、保育和*

修行外，還能讓人更接地氣，活得更踏實。很多人感慨找不到人生方向，沒有想做的事，也無心投入，累覺一事無成，生無可戀。沒戀人、沒親人、沒收入、沒這沒那，羨慕別人能找到喜歡的事去做、喜歡的人去愛。假如你很執著必須要找到什麼方向和目標的話，可以試著先放下追尋大意義和大道理，單純地從喝茶、從中國的根源文化、從土地給我們的暗示、從一片茶葉和水的圓融開始，先愛土地，再愛茶，看茶如何和身體產生妙不可言的變化，體驗活得仔細的人生帶來的實在、滿足、喜悅、豁達和富有，便沒有鎖著眉尋找人生大意義的需要了。

套用日本江本勝博士的話：水知道答案。茶也有她的答案，先聆聽茶跟你說什麼，別急著去替茶解說、定位和定價。

如何喝好一杯茶

學習喝一杯優質茶應該內觀，仔細感受每一口茶在每一瞬間氣味和層次的千重變幻。

自愛，從喝好一杯茶開始。

大部分茶是喝茶的香味，像鐵觀音、岩茶、大紅袍等等。這些茶是經過精工造茶工藝，把香味提煉到出神入化之境，令人沉迷和追求。不過這些茶並不一定對身體有益，因為必需的農藥和拼配色香味的工藝過程容易破壞茶本身的好，甚至淪為帶毒飲料。

老樹或古樹普洱茶是喝樹木的陽氣，能喝出靜和定，是能喝出修養的茶，令人細味餘韻、回甘、生津，身心變得纖細，打開層層底蘊，超越追求色、香、味的慾望，步入更沉厚、內斂的茶修境界。它自然發酵，在天然樹茶林內和其他品種植物渾然並存，自然生態讓土壤保存營養，所以茶氣是眾茶之冠，也是至正氣的茶，擁有六道層次：色、香、味、質、韻、氣。一般、劣質或工藝茶（包括劣質普洱茶）以工藝手法造出討好口感，只含表面色香味，欠深層質、韻、氣。

現代中國人懂得喝茶嗎？不，其實很少人真正知茶、懂茶。你看很多人把茶葉長浸在塑膠瓶內整天翻泡，這是極壞的泡茶習慣。茶不宜長久浸泡，最好在十數秒至一兩分鐘內倒出。茶泡久了會失香，產生澀味，有害物質會泡出來，對身體無益。懂得品茶的人也少。學習喝一杯優質茶應該內觀，仔細感受每一口茶在每一瞬間氣味和層次的千重變幻。一些茶混合了其他雜質或加工太多，只求第一口香，沒有後韻，泡第二回味道已下滑變淡，甚至帶農藥的刺舌感。優質的茶泡上十多回還能呈現峰迴路轉的風景，茶氣豐滿，能運通全身跟你水乳交融，茶人合一。

建議用小杯品茶，小口慢喝，感受每一口茶從口腔、舌尖、舌面到喉頭、咽喉和胃部的感覺和變化，靜感口腔生津、回甘，茶氣運行全身。喝茶後啜一口清水，體驗平淡水質頃刻幻變成甘甜清泉，意味身體內的水也發生同樣美妙的養生質變。

女性喝茶有一些要注意的地方。不少女性體質虛寒，不宜多喝茶，但可喝普洱熟茶。經過發酵的普洱熟茶，茶性非常溫和。茶有酵素，普洱茶尤其多，需要加熱引出。甘草是溫柔的引子，用甘草煮普洱熟茶，能產生大量浮面的白色泡沫，那就是茶的酵素，劣等茶則不會出現。建議水沸後放甘草一片煮三分鐘，再放約 5g 普洱熟茶葉，再煮三分鐘。喝後不會頭暈或心跳，且能守氣血。

從品古樹茶學習謙卑

喝酒你會亢奮，愛說話，喝茶你會沉默，變收斂。她不屬於任何人，她是來教曉我們從品茶學習謙卑的。

我曾在成都朋友的茶館裡喝過據說樹齡已過三千年的普洱茶，溫潤、韻純、內斂、深邃不見底的耐人尋味。那年重臨成都出差，探望茶朋友，對方熱情地以珍貴美茶款待遠方來的我，還送我一小餅同一棵樹2012年手製的生茶。一棵極品茶樹一年能有多少收成？有幸能有朋友笑著跟我無條件地分享這份無價寶，這份真摯的交情，珍而重之。

回香港，急不及待要和單純的好朋友共用。

茶跟樂於獨飲的咖啡甚至愛情都不一樣，她更是心靈與心靈之間交融的橋樑，不宜獨享。就像紅酒一樣，好的酒，捨得開瓶也是因為想跟最好的朋友分享。泡茶有一個工具叫公道杯，就是在泡碗裡注水後，先把茶倒進公道杯裡，然後再平均分到不同的小杯給茶友品嘗。這個公道杯能確保每次泡出來的茶，不會因為倒到小杯時的先後次序而令同一泡茶的茶味因時差而產生分別。

當然，在我看來，求公道的目的不只是為了平分茶，更喻意在茶面前人人平等。

那夜，我到好友R的茶館，還特意邀請了茶道修養很高的年輕茶道師朋友Z負責泡茶。

我們幾位新舊朋友在分得小杯茶後，不約而同地都在送到唇邊前先向千年古樹致敬，感恩能分享古樹的能量。品茶時大家都變得非常安靜，回到內在的自己。喝酒你會亢奮，愛說話，喝茶你會沉默，變收斂。沒有人說一句話，各自跟茶圓融為一，細品她每一瞬間的變化。

泡杯裡的茶香主動、熱情，像個野性的法國女人，充滿自信，愛表現自己。

喝下去，卻又變成跳探戈的西班牙女郎，眼神和節奏變幻令人歎為觀止。此茶像個深不可測的魅力女人，由第一口給你意外的凌厲，到十多泡後還每次散發非常豐富細緻的層次和驚喜的變化。大家醉在茶的豐富層次裡，是個難得的奇妙茶旅。不到兩泡茶，有人已經開始氣渾全身，發熱冒汗要脫衣服；有人感到茶的激情和最初強勢的茶氣，覺得快要中「毒」了。然後不久，坐在我身旁的中醫朋友便說她感到很強的氣從身體運行到手指，在我另一旁的女生也有同感。也有人說最先是野性的感覺，第二泡開始便變幻莫測，喜出望外，不知下一刻她又給我們什麼表情、什麼內容，每一口都是期待。

而在飲過的茶杯餘留的冷香，氣味跟剛才在泡碗內的熱香竟是完全不一樣的。剛才的熱香是沖著鼻子而來的熱情，留在茶杯內的餘香，卻忽然變成另一種風情：餘情未了，溫柔體貼的香韻，像花一樣安靜的清香，久久不散。

一棵千年古茶樹的葉子能有這麼多層次的變化和茶香，可以想像她有多強壯，擁有多少智慧和力量。

我說人在茶面前是平等的，意思其實正是這樣：不管我們是誰，在古茶樹面前都不外如是，相當渺小，沒什麼大不了。

我的心願已圓：替古樹普洱茶找到心清純潔的人來共享。她不屬於任何人，

她是來教曉我們從品茶學習謙卑的。

從喝古樹茶保育土地

守護古茶樹，製造良心茶是保育茶生態和土地的最後關口。你怎樣對待茶，茶便怎樣對待你。

在一次港台兩地品茶交流會上，有機會品嘗了封藏三十多年的台灣老茶。最初三泡陳酸味濃，第四泡後，茶樹的原味和微甜味開始慢慢滲透，妙不可言。之前也喝過二十年的烏龍老茶，在最初兩泡的木酸味過後，突然散發溫醇的芳香，像老酒，也像智慧老人的微笑。

喝這種老茶的態度，遠遠超越茶香、茶味或茶性的追求。茶湯如實地記錄了某年某日的空氣、天色、風土和天地人關係，能穿越時空，有幸飲下這段因緣際遇，與某個時代某個地方製茶當下的某段歷史隔代相遇，傳奇無比。

存放良好的老茶都是乾淨的茶，不加添多餘工藝，要麼已由茶葉轉化成茶蘗，要麼就是最好的生態歷史的見證。純粹的茶，其表裡能記錄當年的茶樹生態環境是怎樣的：水土乾淨，沒有被污染或扭曲來濫製茶商品；人茶關係比較單純，喝茶和種茶都是以「養人養地」為本，所以那些年的種茶方式能維持健全的環境生態，惠澤身體，養生靜心。

喝茶，對身體是健康飲品，對心靈能靜心修心，這是我們對茶的普遍認識。不過很少人知道，原來懂得喝好一杯茶，尊重茶樹原生態，可以保育大地，功德無量。

我一直珍惜的古樹普洱茶，也許是現今世上剩下不多、還能保存土地原生態的茶。所謂古樹茶是來自過百年甚至千年樹齡的茶樹。古茶樹生長在較原始的山野中，與其他植物混生而成一個穩定的生態系統，與自然和諧共生，具備了抵抗蟲害的能力，當樹葉在自然中被分解後，也變成茶樹的有機肥料。而依靠樹木棲身的小鳥、蜘蛛等是植物性昆蟲的天敵，也在保護著茶樹。喬木古茶樹長多高根就有多深，在多樣性的原始樹林裡，樹與樹之間的距離適當，能保持土壤疏鬆，養分充裕，有機質含量豐富，地下深層土壤的養分能轉化為自身的營養。在這種不為人干擾的正常自然生態裡，古樹茶葉每片都蘊含豐富營養，能量比其他大量人工繁殖的茶強大。

茶朋友呂沐真先生曾說過：「要喝好茶先要尊重茶，保育種茶地，良心地造茶。山野中現成有的是茶農一雙起繭的巧手，最便宜的是滿山的木柴和取之不盡的陽光。茶農的生活較簡樸，見識和視野較有局限，在當今浩浩蕩蕩的工業化製茶進程中很容易被淹沒，茶山和村落也如此。」

愛茶先愛土地。他曾在雲南偏遠山區出資為學校建食堂，讓孩子讀好書、長見識，希望將來認識到祖輩留下的最大財富是一座完整的山，而不是僅僅的一些茶樹，保育和守護這片孕育他們成長的茶山。如斯心念，意義深遠。

「當你保護古茶樹，品嘗古樹茶時，同時也在支持著茶農傳承他們祖輩流傳下來的永續生產方式，明年你才有機會喝到同樣好品質的古樹茶，令世世代代享受人茶互愛的恩澤。」

現今茶市場龐大，喝茶和藏茶待升值的人越多，便為茶山的保育製造了更大的危機和壓力。像貪婪的牛奶商設法壓榨母牛的每滴牛奶，注射激素令母牛患上腫瘤，變畸型，痛苦早死以催生大量牛奶一樣，古樹茶山也面臨同樣的厄運。在被開發、轉為台地種植後，原生態茶樹只能在高海拔山區出現，且也被瘋狂開發中。毒藥、化肥和加工技術把天然生成的茶葉扭曲變成茶商的工具，茶已不是茶，甚至變成毒飲，更莫說以茶修身心了。

守護古茶樹，製造良心茶是保育茶生態和土地的最後關口。你怎樣對待茶，茶便怎樣對待你。

情緒壞了，吃什麼好

最溫和、隱性和較容易讓頑固的人也接受的改善方法，也許是食療，因為再封閉的人也要進食啊。

當我在書裡說：「自愛，從吃好一頓飯開始」時，有些人可能以為我只是用了借喻法，或者以為是叫你不要再難為自己了，去吃喜歡吃的，放鬆地去享受食物吧。

放鬆地去享受食物是我很認同的生活態度，不過，其實我在說一種重整身心的自療和修養方法。

在自然療法的角度裡，食療比藥療更受到重視。像英國和德國這些崇尚自然療癒的國家，他們很清楚要愛護好、修理好身體，不能只用禁止發病的壓抑方式，他們更重視人和自然的整合、互相依存、生生不息的道理，才能養生、健在。當我說自愛是從吃好一頓飯開始時，我是在提醒大家別忘了從生活最基本的需要上開始回歸自然，這才是愛的本源。我們每天什麼也不做也要吃飯，不然沒體力，更遑論做其他有意思的事情。

那到底所謂吃好一頓飯具體是指吃什麼，怎樣吃呢？

你吃什麼你便變成什麼。一頓好飯所指的是你選了什麼食材，煮成怎樣，煮給誰吃，吃了是否能令人充滿精神和力量。我在情緒管理課程裡其中一個重點是談食療如何影響和改善情緒。當你情緒正處於負面水準時，不如不吃，因為心情不好時，再好的食材，再用心的烹調，還是會被負能量影響食物的振頻，變成身體的負累甚至毒。相反也很正確。當我們需要正能量時，優質、充滿愛的食材能帶來身心愉悅。

朋友T很同意我常說情緒是吃出來的。她有很深刻的經驗，告訴我前陣子因為不斷吃火辣上火的食物，情緒是明顯變差，很容易向伴侶和親人發脾氣，不自覺地發出一股「無明火」。停吃了，便沒有那麼容易暴躁。她說：「原來食物對情緒的影響真的很大。」

飲食真的可以調校情緒嗎？是的，當然還需要配合其他靜心的方法。食物最直接影響我們的細胞，吃對的食物，便能修補導致負面情緒的壞細胞。調校情緒有很多方法，最溫和、隱性和較容易讓頑固的人也接受的改善方法，也許是食療，因為再封閉的人也要進食啊。

那吃什麼好呢？

可多吃含奧米加3脂肪酸的食物如深海魚油。三文魚、鯖魚、吞拿魚或服用優質的深海魚油丸，都含高量奧米加3，對修補壞損的情緒細胞壁有很好的功效。有專家曾為兩組脾氣暴躁的人做過實驗，一組在三個月內以吃魚為主食，另一組吃一般的紅肉。結果，吃魚的那組人脾氣大大減少，吃紅肉的脾氣依舊大。

我們的身體需要有益的脂肪酸保健，它的作用和維他命及礦物質不相伯仲，尤其是當我們正患有頭髮、皮膚及指甲乾燥，濕熱疹及經前病症等疾病時。身體發炎、過敏，普通消化不良症狀，也會讓我們缺乏好的脂肪酸，影響情緒。

你吃素怎麼辦？可以在食物中加入亞麻籽油（flaxseed oil）。亞麻籽能在人體內轉化為奧米加3，這是完美的脂肪酸，同時具有清減其他壞油脂的作用。你可以告訴抗拒治療的情緒病親友，這個是去脂減肥用的，他們會較容易接受。

要注意的是製造亞麻籽油須要相當嚴謹的過程，製造商要為它們設計特別的存放環境，而盛載的器皿必須是防光防氧，以防止產品變壞。當然這樣嚴謹的製作，售價自然不便宜。千萬別買用透明瓶子盛載的亞麻籽油或深海魚油丸。若負擔不起，也可以買亞麻種子，當芝麻一樣隨便撒在食物上吃。或可以先浸水一夜，讓它發芽才吃，這樣會較容易消化和吸收。

亞麻籽油的味道清淡，也沒有油膩的感覺，吃後口腔還爽爽的。每天喝一茶匙已經很足夠。切記千萬別加熱，勿用來煮食，吃完亦要放進冰箱，不然失效和變壞了便白白浪費掉。

你有早餐吃蛋的習慣嗎

「你吃什麼你就變成什麼」不一定指健康上你會出什麼事故，更多是態度和價值觀上你會怎樣被洗腦和改造。

不知什麼時候開始，現代城市人吃早餐的習慣，變得無蛋不歡。西式早餐文化是兩隻太陽蛋，或者在漢堡裡放一隻圓圓厚厚的熟蛋。中式早點也吃焓蛋，也會用雞蛋煎餅。吃蛋變成中外早餐的流行食物後，醫學上便出現了這個研究：到底人一星期吃多少雞蛋才不會產生高膽固醇，造成心血管病呢？

傳統研究說，吃高膽固醇食物如蛋黃、肉類、海鮮、內臟等是導致膽固醇超標的元兇，所以，某些營養師會憂心忡忡地建議你每天最多吃一隻雞蛋，一星期最好不要超過三次。但原來這不過是醫學和營養學界的推論，並非經過嚴謹的實證。翻查資料，發現近二、三十年的醫學研究早已證實膽固醇來自所有的食物，而非只是某類食物。95%的膽固醇是由體內製造，並非從高膽固醇食物直接攝取而來。美國三藩市醫學院的克勞斯醫師（Ronald Krauss, MD）更證實了美國心臟協會叫你少吃飽和脂肪、多吃碳水化合物的建議，反而會增加壞膽固醇，減少好膽固醇。

這裡要提出一個重要的資訊：精製的澱粉食物如麵包、糕餅、飯麵等，才是糖尿病和心血管疾病的主謀。膽固醇是否過高其實不是最重要，重要的是膽固醇有沒有氧化。

食物在氧化後產生的氧化固醇（oxysterol），才是容易對人體造成傷害的物質。那食物中的膽固醇是怎樣才會氧化呢？高溫烹調、食物的加工過程、食物存放太久導致不新鮮等，都會造成氧化，甚至連植物油裡的植物固醇（phytosterol）也會因為經過高溫處理後而氧化。這就是說，我們處理和烹調食物的方式，才是真正製造壞膽固醇的元兇，而非食物中的膽固醇含量。這可顛覆了我們一直被教育的膽固醇知識。

吃什麼不是最重要，重要是怎樣吃。這個我倒是一直贊同的。回到吃雞蛋的話題上。美國康乃狄克大學有研究證實，每天吃3顆蛋，即使連續吃12週，也驗證了可以減低LDL（壞膽固醇）達18%。即是說，每天吃3顆雞蛋沒有提升反而降低心血管疾病的風險。因為身體為了保持體內膽固醇含量的恆定性，會在合成和吸收之間自行調整。有些人或民族天天大量吃肉，從食物攝取的膽固醇太多時，體內的膽固醇合成和吸收會下降；有些人如全素食者每天攝取太少膽固醇時，合成和吸收會上升，自行調節。除非受家族性遺傳的影響，否則多吃或少吃什麼，膽固醇水平是會自動調校的。

假如注意蛋和其他食物的烹調方式，少吃煎炸物和加工食品（這些食物容易促進因氧化產生令器官癌化、人體老化的自由基），加上多吃新鮮蔬果和抗氧化的水，減低壓力，睡眠充足，多做運動的話，體內的壞膽固醇含量是不會增加的。

因早餐愛上吃雞蛋而產生膽固醇危機的憂慮現在可以釋懷了。不過，我其實更想告訴你的是，除了主流營養和醫學的偏頗外，慣性吃雞蛋製造了另一個更可怕的問題，是我們不應忽視的：為了滿足全球對雞蛋的需求（早餐、糕點甜品等），雞農大量繁殖雞和雞蛋，沒利用價值的雄小雞會被大量地非人道毀滅，留下的雌小雞被打針催生蛋。結果，為了早餐和濫製的甜品美食，生廠商大量濫殺，用大量激素催化雞蛋供應市場，更不用說某些黑心商人造假蛋的災難。

早餐一定要吃雞蛋嗎？這是我們應該深切反思的問題。

在恐懼膽固醇超標但同時人吃我吃的盲目慣性裡，我們是基於真正需要抑或是被商人擺佈了選擇？「你吃什麼你就變成什麼」不一定指健康上你會出什麼事故，更多是態度和價值觀上你會怎樣被洗腦和改造。

垃圾食物，吃不吃？

若能回歸到你正在放進口裡的東西，感受它的存在，帶感恩享受和它共在的滿足的話，垃圾食物不會同化你，卻會被你的自在同化了，平衡了。

即食麵、可樂、炸雞、漢堡、薯條、雪糕、糖果、蛋糕、瓶裝果汁、即沖咖啡……你吃嗎？

某些死板的營養師不會告訴你這些都是垃圾食物，因為他們的邏輯和理念是計算食物的熱量和營養脂肪等成分，不多管它的烹調方法或人工化工等成分。總之，達到所謂安全標準的「食用」材料就是安全。所以，他們會教你吃火腿是健康的。

心靈療癒師會告訴你，不要再吃垃圾食物了，它們都是有害身體的，你吃什麼你就變成什麼，要懂得愛自己。

環保分子會勸你不要再買垃圾食品，因為它們的包裝都是破壞地球的物質，製作方式包括虐待動物或使用工廠廢料，是不道德的產品。

宗教或素食者可能不管你吃的是否垃圾，總之不能殺生，要積德，避免下一生輪迴變成你所殺過吃過的動物。

中醫師會告訴你要戒口，寒虛的體質要少吃寒性食物，燥熱的體質不宜多吃熱性食物，然後給你一個列表。看完後，你只知道從此能放進口的沒剩下多少選擇，既然什麼都不能吃，不宜吃，那大部分食物也變相成為你飲食清單裡的「垃圾」。

有機食物宣導者會告訴你，除非是有機種植的植物或飼養的動物，其他非有機的都是危害健康的垃圾。建議你把金錢投資在有機飲食上，不用憂心將來把畢生積蓄投進醫療花費上。

有人會唱反調，告訴你，管那麼多幹嘛，你生病患癌早死就是因為你吃太多即食麵薯條紅肉和喝可樂嗎？他的祖父九十歲，每天還抽煙吃漢堡包，好的醜的什麼都吃，中氣比他還要強，爬山走得比他快。朋友的媽媽吃了大半生沒營養的垃圾快餐，家窮不能講究飲食健康，還在高壓的生存壓力下工作了一輩子，年過六十沒有三高也沒有婦科病，你說到底是什麼原因？

那天治療師朋友A跟我說，我們對食物健康的認知其實很膚淺和片面，大家都覺得應對表面是可怕的高脂垃圾速食食物敬而遠之，可是，所謂健康的營養食物如牛奶、雞蛋、麵包、米飯呢？到底有多少是「健康」無害，對人體真的好？大家都知道奶粉其實不是奶，牛奶難以被人體消化；麵條麵包加入大量加工化學成分有些甚至能致癌；流行瓶裝飲料大都有乳化劑塑膠等化工材料為何會被列為安全能供人食用呢？你喝一瓶所謂有益腸臟的乳酸菌飲料，同時又吸收了多少破壞腸臟的人工糖呢？很多人根本沒注意到，他們每天都吃的主糧和小食，原來同屬垃圾食物。

天呀，亂了，怎能不亂？人人都要吃飯，在這個已不再尊重自然生態的地球加工場，我們能吃到的都不能有絕對的人道、自然道保證了，分分鐘吃下了化學原料但包裝上寫著類似「吃得健康就是對家人最大的愛的承諾」等等刺眼的溫馨宣傳語。

明知是垃圾食物，到底吃不吃？

我不想回答這問題，因為已不可能有合情合理的答案了。我更關心的是怎樣吃，有沒有平衡點？

沒錢的，就現實地什麼便宜便買什麼吃。有錢的，感謝上天給你機會讓你有能力買可能較好品質的食物，但請你不要浪費和虛耗生命資源，鼓勵無良商人大量濫捕瀕臨絕種的生物給你在高端餐廳裡品嘗，滿足口腹之慾。以不放縱的原則隨心吃是無妨的。偶爾想吃個脂肪超標的炸雞薯條可樂套餐是不會令你患上癌症的，會的話，全世界都會陪你，放心，你不會孤獨一人。人怕死，大抵不過是因為怕孤獨而已。壓抑和壓力原是更大的毒素，助大癌細胞的成長。正如我常教人別戒煙，很想抽煙便抽好它，欣賞和享受每一口的快樂和放鬆。當你真心放鬆，即使稍為吃了垃圾食物，若能回歸到你正在放進口裡的東西，感受它的存在，帶感恩享受和它共在的滿足的話，垃圾食物不會同化你，卻會被你的自在同化了，平衡了。

吃不吃，吃多少，由你自己調校，沒必要鎖定絕對的道德標準。

要不要戒吃肉的心理鬥爭

沒有什麼需要戒掉，只有需要改善的習慣。

總有人以為我是因為吃全素才保養好青春的，但我已在很多場合公開說過，我不是吃全素的，偶爾按情況需要，也會不介意吃一點肉。

有些人為素食貼上健康的標籤，把肉類尤其是紅肉視為都市病的元兇，更有些人開始注意情緒問題，關注飲食習慣是否導致情緒問題。有位讀者更告訴我：「我知道吃紅肉對身體不好，但又很喜歡吃，不吃總是坐立不安，怎麼辦？」

瘋牛症的發現為吃肉人士帶來一時的恐慌，卻沒有改變他們吃牛肉和其他紅肉的習慣。有政府已經開始向市民發出吃紅肉的安全份量警告，提醒市民多吃可能危害健康。美國和澳洲有研究顯示，吃過量紅肉會增加患腸癌的危險。世界癌病研究基金則表示若改變飲食習慣，單在英國每年便至少可以阻止十萬宗癌病的發生。

有建議每星期最多只可吃八至十個份量的紅肉，不然會影響健康。但其實多吃紅肉是否一定對身體有害呢？

在下判斷前，不宜單看報告上的資料。譬如歐陸的研究便和英美的結果不一。地中海地區如希臘人吃紅肉的量相當多，相反他們的腸癌患病率卻相對英美澳低。法國人是食肉狂，但他們患心臟病的比率也相對低很多，也沒有心臟病等傳統認為是由多吃動物飽和脂肪引起的病症。原因呢？原來他們相對地吃水果和蔬菜都比英美澳人多，尤其是新鮮的橄欖油、蒜頭、蕃茄等，補充了額外的保護性維他命和礦物質，抗氧化能力比英美澳人強。

看研究數據不足以為營養定標準，只能算是參考。

紅肉吃多少才安全？數字以外，其他飲食配搭也得算進去，整體飲食習慣才是著眼點。

關鍵在於吃的心情。

有一個導致你吃下去的食物會變成營養抑或是毒的更重要因素，那就是：吃的時候是否開心愉快，抑或是懷著過分憂慮的心情。再好的食物，心情欠佳的話，即使吃的是補品也會變毒品。保持身心開朗的人，又有足夠的運動和流汗的話，老實說，吃什麼也沒大關係，都會讓身體吸收，轉化成正面的能量，變成強壯的動能和營養。關鍵在於吃的心情、吃的態度和吃的份量。壓抑著自己不要吃這吃那，或者為了減肥吃完後馬上嘔吐出來。在心理受壓的狀態下進食，比吃垃圾食物的惡果更厲害。

回到吃紅肉的讀者去。她到底是否應該吃紅肉呢？建議她可以相對地減少吃肉的次數和份量，但不需要完全戒掉，影響情緒。戒是壓抑性的，改良習慣才是自我改進的自療方向。

沒有什麼需要戒掉，只有需要改善的習慣。別把改善工程變成壓抑或痛苦的經歷，一想起便皺眉，效果一定不好。開心自在地管理自己，才是我們應有的優質心性狀態。

食用油，太重要了

論一種油是否優質和健康，重點在脂肪酸的飽和度和脂肪分子的大小。

有時我會在演講會跟大家分享什麼是愛自己的具體方法。談到自愛是吃好一頓飯時，很自然會談及到底吃什麼、怎樣吃才是愛自己，為身心帶來健康。說得仔細一點，就是我們要學懂從照顧好一個細胞開始去照顧自己的身體，不只是知道什麼菜對身體有什麼益處。

細胞是身體的基本結構單位，脂肪是構成細胞膜的最基本成分。脂肪酸的性質決定了細胞是否健康。而食用油是脂肪攝取的重要來源。即是說，我們吃了什麼油，其脂肪酸便會決定細胞的健康。「你吃了什麼油，你就成為什麼」，可能是比「你吃了什麼，你便成為什麼」更貼切。

食用油是大學問。現代的健康理論和研究都告訴我們什麼是健康的油，可以多吃；什麼是垃圾食油，不宜多吃。譬如最佳的食用植物油是冷壓的椰子油、亞麻籽油、牛油果油、茶籽油、米糠油、芝麻油、葵花籽油、合桃油及橄欖油等。必須強調是「冷壓」(cold press)的，因為食用植物油的製法有兩種：一是物理壓榨法，二是化學浸出法。

壓榨法是傳統的榨油法，有冷壓和熱壓兩種。冷壓是將溫度控制在攝氏６０至８０度之間，穩定度和營養度較高，保存期較長，但因為生產需要花費的時間和人工成本較大，所以價格會比較昂貴。

化學浸出法是用化工原理提煉出來的油脂，一般叫「精煉」油(refined oil)。這種方法是以化學溶劑浸泡原料來把殘油取出，然後再把溶劑揮發掉，取得油脂。這些油是日常很多家庭和食店採用的精煉油如芥花籽油、棕櫚油、黃豆油等，害處是油裡會有殘留的化學溶劑，產生反式脂肪酸，這些物質都是會致癌的。不過因為出油率高，所以價錢便宜，吸引消費者使用，卻賠上了健康。

稍為有健康常識的人都可能知道，改用初榨橄欖油尤為健康，於是願意購買一百多元一公升的進口貨。不過最近加州大學做了研究發現，在美國一般能買到的初榨橄欖油中，69%是不合格的，即是騙人的，混雜了其他次等油，其中不乏意大利的知名品牌，真令人吃驚和擔心。

我們對橄欖油的認識可能過分被所謂健康資訊所誘導，一窩蜂去買，但其實冷壓的椰子油、亞麻籽油、牛油果油、茶籽油、米糠油、芝麻油、葵花籽油、合桃油和腰果油的營養價值都比橄欖油高。譬如，橄欖油含不飽和脂肪酸75%至90%，茶籽油則高達85%至97%。茶籽油中含有橄欖油所沒有的茶多酚和山茶甙，能改善心腦血管疾病，降低膽固醇和空腹血糖，抑止甘油三脂的升高。

論脂肪的分子結構，椰子油又遠比橄欖油細小。論一種油是否優質和健康，重點在脂肪酸的飽和度和脂肪分子的大小。一般人較少注意到後者。原來脂肪分子的大小極其重要，因為我們的身體對應於不同的脂肪分子大小會有不同的吸收和代謝反應。椰子油的飽和脂肪酸的長度屬於中鏈(medium-chain)，而其他植物油或肉類的飽和及非飽和脂肪都屬於長鏈(long-chain)。中鏈脂肪酸不像其他食用油先儲存成身體的脂肪，而可直接被人體用來產生能量，也不像其他油脂般會耗盡體內其他抗氧化劑，它不會對膽固醇造成任何負面影響，且能防止心臟病。所以冷壓椰子油被稱為世上最健康的油。

懂得選油，也要懂得存好油，避免氧化。精煉油都加了防腐物，也選用便宜的透明塑膠瓶，塑膠瓶可釋出毒素，油長期接觸太陽便容易氧化變壞，營養也容易流失，所以最好存放於陰涼處，用陶瓷或有色玻璃盛裝，避免化學污染及接觸光線導致變壞。

你可能一直在賤食

——知道自己正在吃什麼很重要。——

有讀者說讀過我寫關於愛自己要從飲食開始後，她便開始注意飲食，決心改善便秘問題，心情真的開朗了很多。

她還問是否必須吃有機食物才健康。

有機食物固然好，近年漸漸也有有機食物在較大型和普及的超市發售。當然價錢是比較高。吃有機食物有什麼好處？營養方面當然比無機化工食物高，因為沒有經過重農藥的污染，也毋須被迫吃殺蟲劑的殘渣。其實我們平日不知吃下多少毒藥，雖不致馬上中毒，但總不能否定，整個社會正在集體慢性食物中毒中。

細看我們日常最普遍的食物，原來含有最多毒藥殘渣。例子多的是，如芹菜、提子、梨、草莓、蜜瓜、杏梨、甜辣椒等。連我們最常吃的蘋果，也加了一層厚厚的光漆，令它看來紅紅可愛，卻大大破壞了蘋果皮原有的高營養價值，而種植蘋果所用的大量農藥，你知道後肯定會大感不安。

有機種植的好，不單在食物的本身，更在於能保護地球的生態。全球每年約有數以億噸計的土壤，因為受到農藥的毒害而不能再用，連水源也受到極大的污染。我們正在每一刻為食物工業的大量生產而付出沉重的代價，賠上無價的健康。光是每年因為農藥中毒死亡的人便起碼有兩萬。那些所謂促進基因種植和大量生產以解決世界糧食短缺的謊言，我們最好別相信。現實是很多地方為了保持價格和利潤，寧願把過多的食物毀掉，我們從沒聽過因為某大國糧食豐收而能減少第三世界的孩子餓死的好消息。

有些人支持吃整全食物(Whole food)，他們的堅持也有道理，因為至少他們對自己的身體負責，要求清楚知道所吃的到底是什麼東西，有什麼營養，怎樣種植出來。在另一個層面上，可以說是一種愛的表現。

知道自己正在吃什麼很重要。原來我們平常很少理會放進口裡的到底是什麼東西。譬如我們都喜歡光顧既便宜又美味的速食。但我們知道漢堡牛肉到底是什麼嗎？美國曾經有一群農業監察者對漢堡牛肉尋根究底，調查用來大量製造漢堡牛肉的牛隻是吃什麼飼料時，竟然發現牠們是吃死貓死狗肉、屠房得來的內臟、雞糞肥料、粟米棒、穀殼、生果皮、餐廳廚房鐵板的油脂、甚至糞渠的沉積物……這些垃圾幾乎不用成本，連雞糞肥料也只是15至45美元一噸，比以往使用125美元一噸但營養豐富的苜蓿(alfalfa)便宜得多。當我們用十幾塊錢可以換一大塊牛肉和麵包，可以想像它的來源也同樣賤價。

賤食年代令大部分現代人失去了尊嚴，最終也失去了健康。我們應該好好照料自己的飲食，這是對自己的身體負責任的自愛第一步。

吃前，先尊重食物

食物都是地球資源，這些資源不是屬於我們的，它是宇宙給的恩賜，我們需要謙卑地領受，珍惜和用好。

在情緒管理課裡，我分享了應該如何吃才能保持身心康泰，因為這是生活作息最基本的需知，也是成為一個健康的人最基本要學懂的知識。有學員問我，那到底應吃多少才健康。譬如每餐吃一碗飯是否最好，不能多。還有人問是不是每餐都吃魚，不吃紅肉就能調好情緒病等等。

發問的人有肥胖的，有正在服精神科藥物的，也有剛生了孩子的，更有二十多歲面色蒼白的純素食主義者。

吃什麼、吃多少才能健康，其實沒有客觀標準，要視乎個別的體質和目前的健康狀況。有病的人跟沒病的人，高大的人跟細小的人，肥胖的人跟瘦削的人，修行的人跟高壓上班族，男人跟女人，東方人跟西方人，北方人跟南方人，山區人跟海邊人，他們最好吃什麼、吃多少、吃的內容都不一樣。

城市人多是高壓上班族，滿腦子抱持賺錢和買樓房的堅定目標，對物質享受追求高，相對地物質生活較富裕，能花錢買吃的水準也較高，但進餐的幸福指數卻並不很相符。他們不少只是快餐店常客，白天胡亂吃，晚上大吃大喝，在外邊聚餐也只顧讓手機先「吃」，先拍照片先發上網，讓網上虛擬的「朋友圈」先「吃」，待菜都涼了，吃不知味，也不講究了。

其實吃什麼吃多少不是問題，問題是我們有沒有認真對待吃作為滋養生命和補充能量的任務，有沒有尊重一下面前的食物，有沒有認真品嘗、享受和感恩。這些都是吃的基本功，而我們卻一直忽略了，只有在身體健康響起警號時，才或恐慌或擔憂地尋求吃多少吃什麼，也沒有真的好好去吃。

菲律賓短片導演 Ferdinand Dimadura 有一部在2006年柏林影展的得獎作品，題目叫「一盤炸雞」Chicken a la Carte。我在課裡放了這部短片。片中講述一個窮爸爸在城裡的炸雞店取得客人吃剩的雞翼和意大利麵，回到鄉裡的家，把食物分發給村裡的孩子。一群飢餓的小孩跑過來圍著他，取得食物後馬上塞進嘴巴裡，面露無限幸福的笑容。大家沒有爭吃，沒有打架，連身邊的狗也能分得一杯羹。然後爸爸回家把收藏著的幾隻沒剩下多少口肉的雞翼和零落的麵條，逐一分到兩個小孩餐桌上的盤子裡。孩子笑著急不及待想先吃，爸爸卻笑著喊停他，著大家先祈禱，感謝上帝賜予他們食糧。短片最後一幕是孩子們含著漏出來的意大利麵無限歡樂地對著鏡頭笑。

影片帶出了一個非常震撼的信息，不是廉價地告訴你要珍惜食物不要浪費，也不只是提醒你世上有不幸的飢童不夠溫飽很可憐，而是相反地讓我們反思：我們活了那麼多年，吃了那麼多自助餐、生日飯、六星級酒店的豪華宴，有沒有一次像這班孩童一樣發自內心的滿足和開心過？到底是他們可憐還是我們可憐呢？

我們不用再問要吃什麼，吃多少才能保持身材，不再生病，我們應先學懂珍惜吃飯的幸福，懷著愛去吃，去尊重食物。食物都是地球資源，這些資源不是屬於我們的，它是宇宙給的恩賜，我們需要謙卑地領受、珍惜和用好。不能只顧著一己的利益來對待食物。能抱著這樣的心態吃，你不會因為吃錯了、吃多了、吃少了而害死你自己。

衣服是第二層皮膚

我們不是把美的衣服穿上身，而是讓衣服穿出身體的美。

小時候我曾想過當時裝設計師，初中時特別愛上家政製衣課，多年來也一直替自己造衣服，大部分時候我會把舊衣服改裝，循環再穿，一件衣服可以跟隨我幾十年，不離不棄。

造衣縫紉原是靜心的方式，在絕對靜默中專注做好一件小事，成就一件美事。

近年在香港和國內分別有服裝品牌邀請我和他們合作推出不一樣的服裝系列，推崇素黑式的慢活、自愛和追求仔細生活方式。保持創新是我生命的一部分。跨界創作衣服是我在文字以外跟讀者更接地氣的交換能量方式，重點不在穿，而在選和看，從微調自己的心眼，看貼身的仔細，遠比靠腦袋消化文字更容易和直接地得到生活的悟性。

慶幸能遇上對美、愛、生活品味和修為都跟我相近的設計師Kurtson。他長年在歐美和日本留學和工作，回國後身兼舞者、大學教師和時裝設計師，還會吹尺八，喜歡在家種植，熱愛大自然，積極發掘存在的純美。我們是從煮和種植薯仔開始孕育衣服作品的設計概念的。我會到他的家一起做菜，分享穿衣吃喝的基本生活美。古人重視人的「衣食」，可見衣和食是生活的最基本，都是為了愛好自己的身體。

我試繪了幾件設計草圖，K結合個性設計，藝術地發揮，成就了「素黑愛自己」時裝系列。與其說是衣服，不如說是作品，通過它跟大家分享如何從穿好一件衣服開始學習仔細。我一直希望把生活跟藝術、安靜融合在一起，通過什麼可以融合在一起呢？如果可以把它穿上會多好。

衣服是我們第二層皮膚。衣服的原意是為保護和照顧好身體，而好的身體才能散發美。我們不是把美的衣服穿上身，而是讓衣服穿出身體的美。

我跟K說想把樹穿上身，K真的沿用了像樹皮的麻衣料，讓成品變成樹皮一樣，能摸出聲音和感情。

衣服能給「溫暖」，是和我們最貼心、最貼身、最親密的伴侶。我們對戀人親人還不如跟衣服親密，因為我們無時無刻與衣服同在，她才能真的做到讓我們看見、觸摸和感覺到，形影不離。她甚至會陪伴我們走到生命的最後，而不是別人。我們有好好的跟衣服相處，愛衣服如身體嗎？這正是我希望大家學習的重點：珍惜衣服如珍愛自己的身體一樣，建立慢愛的親密關係。

穿好一件衣服是自愛的第一步，條件是先有用心造好一件衣服的人。我們要知道造一件好衣服的背後非常不容易。造衣服要先關心身體，貼心和貼身地製作，以尊重和精心的工藝做好細節，一絲不苟，也注意不要浪費材料。系列裡有一件我參與設計的主題絮絮長裙，K說：「一件好的衣服是為了喚醒面料本身的力量。世間最美的事物叫做『渾然天成』，這條長裙的絮，是由一雙雙手逐條絲抽出來，幾十個人忙著抽絲，地上一團團的纖維的場景，像柳絮紛飛，輕柔美好的樣子，卻是用勞作者的雙手和安靜來完成的。」這是用愛造衣的感動畫面。極細緻的手工，一針一線講究、認真、仔細地成就一件衣服，然後，你用感動、尊敬來穿衣，學懂好好愛身體，細緻地活好。

造服裝的重點是「細心」、「仔細」。如果服裝不夠貼心，沒有仔細地根據身體的需要去造的話，那麼它只不過是一塊布料而已，不能成為人的第二層皮膚。

做到貼身需要柔軟，衣服潛藏的，原是一種柔軟的力量。

「衣食」引伸的正是人品和修養。不要視衣服為消費品，它更不應是你用來發洩負面情緒的工具。愛衣服的人不會浪費，不盲目消費，盲目追隨名牌。選擇適合自己個性的衣服去表達自己，也透過衣服看到自己的品性。穿衣，原是學習自我了解、重建和管理自己的旅程。

尋找自己喜歡的衣色

穿衣，本來就是自我認識、認同和表現的過程和選擇，不只是把自己變得美一點的自我修飾。

是真的，我不會再回答「你只穿黑衣嗎，衣櫃裡所有衣服都是全黑嗎，不穿其他顏色不覺得太單調嗎」這樣的採訪問題啦。

因為已回答了很多遍，而重複再問的人好像還沒有問到重點。

當一個人選擇了一種穿得自在的衣服顏色時，這個人跟這種顏色之間的親密關係才是重點，而非「為何不是其他顏色」。就好像，當你和一個人戀愛，被問到「為何你喜歡A而不是B」時，你只會感到對方應該根本沒有戀愛過。愛上是沒有為什麼的。

那什麼是問到重點呢？曾經和我合作過的茵曼綿麻服裝品牌跟我做過一次很棒的採訪，問了一個關於穿黑的深度問題：「黑色給人神秘、高貴、嚴肅、凝重等種種感覺，也有人會覺得全黑令人窒息悲傷。您獨愛黑色，如何才能把握，使黑色避免消極而獨具魅力呢？」

這問題包含對黑的文化和選擇穿黑的尊重和修養，明白衣色不只是顏色，它可以表達深層的訊息，影響穿者和旁觀者的身心以至整個文化，也是服裝能締造一個文化的人文價值。黑在不同的文化層面裡含有不同的象徵意義，比方在服裝文化上，它就跟世俗對黑的負面情緒反應很不一樣。黑在服裝上所呈現的是一種莊嚴、簡約和尊貴的氣派：如中國的彝族裡貴族才穿黑；日本的結婚禮服要披黑紗；非洲肯亞馬塞人以黑代表繁榮和生命力；宗教上密宗的大黑天是護法神和醫神；現代時裝界頂尖的設計師都會用黑來創作他們最好的作品……更有趣的是，大部分設計師都只穿全黑，你可以細味穿黑背後的玄機。

而在心性修為的層面上，黑是一種修養，你能接受和看到表面單一的黑原來深含不同的層次時，等同看到人或物的內涵一樣。連黑都能看穿的你，才是真正細心和仔細的人。黑的豐富層次，需要我們修得同等的層次才能看透和欣賞，成就黑的深邃。說到底，黑不是一種顏色，而是一切色素的總和，它的胸懷和深度是海量無涯。

你對自己的身心敏感和貼近的話，自然能找到適合自己的衣色，可以是一種，可以是多種，但不要說什麼都可以，正如你的性格和態度不能什麼都是、都可以一樣隨便。

我想告訴你的是：每個人都有屬於自己偏愛、感覺和自己貼近、能讓自己感到自在和舒泰的衣色，不一定需要解釋，也不需要被贊同，但應該被開放地尊重。就跟膚色不用應該被接受和尊重一樣，這是我們包容別人最基本的修養。我們應該發掘屬於自己的衣色，不要隨便跟著潮流走，無知地把與自己的生命無關的顏色往身上亂貼。

你現在明白經常亂買衣服的你為何老是覺得活得不是你自己了嗎？

說到底，衣色只是其中一項穿衣的選擇和態度，能反映你的某些性格和特質，不過重要是你選擇穿什麼款式、怎樣搭配、是否稱身、是否配對場合、從中認識你自己到底是個怎樣的人、想表現怎樣的自己。穿衣，本來就是自我認識、認同和表現的過程和選擇，不只是把自己變得美一點的自我修飾。

你如何穿好一件衣服，不只反映你的個性，更是一種對生活、對做人、對地球生態資源的態度。穿衣是學問也是修養，它遠遠超越所謂時尚，前者增加自我認知，後者容易令你變成無知。

慢慢穿衣，慢慢愛

追求慢製造，慢耐穿，讓造衣的人慢工出細貨，讓我們和衣服培養貼心自在的親密關係。

季節，對很多女士而言，是更換衣裳的季度提醒。

去年的冬裝過時了，今年流行這新款、這顏色、這剪裁。買新的，穿新的，忘舊的。一年過去，一年又來，衣櫃裡，滿滿被遺棄的曾經喜愛。

頻密地購買衣服已成為很多女性追趕潮流的盲目行為，都沒有好好地對待過一件衣服，都沒有好好想過是否適合自己，便已製造大量的浪費和不智活動，還常常因為亂買衣服而喊窮。

現代人被催眠變成喜歡和需要吃快餐，同樣也被催眠變成喜歡穿快餐成衣。

「快衣文化」把衣服變成「拋棄式商品」，因為生產時裝的商人大量開發平價時尚連鎖成衣店，讓設計師以最短的時間設計多款衣服，讓生產廠以最低的成本和最快的速度出貨，務求讓成衣店能每一兩星期便可提供新款式，吸引購買者經常回來看新衣，買新衣。

不重品質，只求「快出求賣」的時裝趨勢也大大改變成我們對待衣服的態度。因為價格便宜，新款不絕，變得不再珍惜，買了棄掉也沒所謂，幾十到幾百塊的衣服，即使買回家才發現不適合、不稱身、顏色不對什麼的，也不想費勁費時去替換了，隨便轉送親友或索性擱在衣櫃裡，再買新的就是了。

即棄成衣的買賣文化產生了什麼問題呢？1．我們不再珍惜衣物，跟衣服的關係不再密切，也就是說我們只做了消費動作，沒有做到珍愛衣服。當我們不愛衣服時，穿上身也不會散發融為一體的效果，所以也穿不出味道，怎樣穿也不好看。2．我們不再追求品質了，只求多，不斷更換新款，像不斷更換情人一樣，早已失去愛和珍惜的能力了。3．穿衣的壽命大減至可能穿兩三次便完結，這產生大量的物質浪費。許多賣剩的廢棄衣物，最後只被能當作垃圾一樣棄置。

有一本書值得推薦給大家，名字叫《買一件衣服要付多少錢？平價時尚的真相》，作者是伊莉莎白．克萊。此書帶出一個反思的問題：我們不光要問「買一件衣服要付多少錢」我們更應注意到「買一件衣服背後要付出多少代價」。因為講求快速，催命一樣的生產快線叫設計師不能再細想、花心思，只能一天畫圖樣，幾天內生產，一星期內發貨，結果造成很多設計師為求交貨和滿足貪圖便宜的顧客，抄襲時尚設計師的作品。某明星穿過的名牌衣服，一星期後便會在廉價店內有山寨貨發售。書裡提倡「做自己的衣服管家」概念，提醒大家「廉價」背後看不見的大量隱形成本與浪費，鼓勵我們「只購買真正需要的衣物」。

我們有慢活的生活態度，也應有「慢衣服」的追求：追求慢製造，慢耐穿，讓造衣的人慢工出細貨，讓我們和衣服培養貼心自在的親密關係。每件衣服都應有她自己的靈魂和個性，一個懂得愛衣服的設計師，會從製衣的工藝和設計細節表達尊重和關愛穿衣者的身體，而我們也能從衣服看出細膩，穿出自愛的態度。慢慢看，慢慢品，拉慢買衣和穿衣的節奏，讓衣服成為自己的身分認同而非快棄消費品。

別追捧廉價衣服

你買什麼穿上身不只是外表的裝飾，更可反映你的人格修養、品味和選擇是否注意到尊重別人的心血和付出。

很多女生告訴我超愛逛名店，尤其是某些稍為大眾化路線的連鎖名服裝店，在那裡可以隨便買到一百甚至幾十塊錢的時尚衣服，比在網上淘的更划算，還可以試身，退換，令買衣服變成上癮活動。

我不反對買衣服，但我更想大家懂得尊重和珍惜，知道一件廉價衣服背後誰在付出了代價。先說一個真實故事。

挪威最大報《挪威晚郵報》曾經邀請三位潮牌服飾年輕顧客前往柬埔寨，實地體驗某著名品牌成衣工人的生活實況。他們發現一個成衣工人每天從上午七點工作到晚上六點或八點，只有星期天工作八小時，全年無休，一個月最多能拿到

130美元工資。小屋子月租30美元，水電約50美元，剩下80美元幾乎全用在食物上，一天不能花超過3美元。

然後他們到當地那服裝連鎖名店翻到一件柬埔寨生產的上衣，標價35美元，比工人的房租還高，另外一件標價牌上的數位更是工人一整年的薪水。這三位年輕人平日都愛買衣服、追潮流，這次考察旅程後，一位說實在沒辦法再買連鎖廉價衣服了，現在比較珍惜自己擁有的東西，不會輕易丟棄。另一位說以後應該沒辦法把購物當成嗜好了。第三位說她對時尚的看法改變了，買衣服開始比較挑剔，更尊重所擁有的衣物，那都是一個個有夢想和希望的人縫製而成，她能買得起，是因為工人們只拿到很低的薪水。

不買衣服是不現實的，但買什麼，願意付多少錢，可以變成修養的機會。請抹掉一看到衣服價錢牌便喊貴的慣性和貪便宜的心態，也請戒掉胡亂在網上無聊購物買了根本不需要，只是因為價錢超級便宜不買太可惜的幼稚想法。別被盲目購物行為催眠了自己。你買什麼穿上身不只是外表的裝飾，更可反映你的人格修養、品味和選擇是否注意到尊重別人的心血和付出。太便宜的東西背後都離不開剝削，借著剝削來滿足慾望的話，不會教曉你愛自己是什麼，只會助長漠視愛的商機。

我會自己造衣服，也會買設計師用心做的衣服，不多買，買精的，愛好它，回饋製衣和設計者的心血。也希望更多良心服裝商人能提高工資待遇，重視工人付出的勞力。

家，可以變成移動的堡壘

如何安放和佈置自己的家，是和自己建立親密關係的一種自療的方法。

居住的地方不理想，欠缺私人空間，最令人感到壓迫和受困，累積負能量。

有家不想回，家不成家的感覺，很容易牽動強大的負能量，陷入偏激的想法，譬如覺得自己是被遺棄的孤兒，世上沒有容身之所，沒有一個想回的家。

事實上，你不是沒有可回的家，只是有個不太滿意、空間不足、家人不和的家，令你不想回去，即使是回家，也寧願把自己關起來，自困斗室中，醞釀自閉式的壓迫和侷促。

那，爭取為自己安個屬於自己的家吧，這也許是每個人應有的、愛自己的任務。

能有獨立的空間，再小一點的房間也是吸引的，就在這個小地方，把它變成自己的天堂吧。

如何安放和佈置自己的家，是和自己建立親密關係的一種自療的方法。

有些人喜歡靠近大自然，不一定必須就在家裡種滿植物。假如家的面積實在太細小，但又希望令家散發自然感的話，可以引入能給予溫暖感的自然力量。譬如木頭。

不過即使很多人都喜歡木造的家具，但沒品味的木家具看上去根本找不到自然裡的樹木痕跡，醜死了！塗上過厚的漆，閃閃亮的外表，更像塑料多一點，破壞了木頭的粗糙原始感，造作死了！要找到原始味又有設計品味的家具，確實也得花上不少金錢，而且也難找到適合的師傅，建議不如自己動手造，而且，創意地。

家裡需要什麼，別第一時間想到哪裡買新的，可以先到垃圾回收的地方拾人家棄置的木具。一張小板凳，一塊老木門，最好是老宅丟置的百年木具，破了不打緊，稍為修整一下便是新傑作，滿滿侘寂（wabi sabi）之美。在兩張小木凳上面放一塊老木門，便是一張獨一無二的個性餐桌或工作桌。電視沒理由一定要放在千篇一律的電視櫃上，到沙灘撿塊浮木，用牛奶瓶墊高便是設計師大作。到海邊山邊撿些漂亮的石頭回家，不規則地放在陽台邊上加添禪味，或放在淋浴室地上製造海灘淋浴的意境。拾條木枝回來，把圍巾或領帶掛起來，既整潔又活潑。用玻璃乳酪小瓶種一粒檸檬核，放在小窗前，很快便成為一棵小樹，不凋不謝陪你一生一世。

每個人都可以是個魔術師。

夢想的家是在海邊嗎？那，在家裡放送自然海浪聲的錄音，讓它成為家的背景音樂，妙不可言。播放鳥聲水聲河流聲，把家的場景變成森林；播放古典音樂，家又化身氣質博物館。注意音響最好在遠離你作息幹活的房間，隔牆最理想，在你幹活時看不到最好，讓聲音飄過來，加添想像的空間。聲音能擴大空間感，把家變成移動的堡壘。

當然你的獨立空間只是一個小斗室的話，同樣也可以做到以上的效果的，轉一下揚聲器的方向，出入家門時敲響我研發的全黑定心銅磬拉闊家的空間意境，或者不時移動家具的方位就是了。動動腦筋去。

也別忽略了味道的魔幻力量。室內的氣味能拉闊視覺界限到無限的大自然。在家裡或房間種一棵樹、小植物，讓天然的植物芬芳和屋子交換能量，淨化空氣。

也可以運用精油。精油是古老的自然療法，通過植物的純能量，跟身心結合，強化自己的正能量。建議用純樹的精油如檀香、香柏木、松木等，或葉子的精油如香茅、茶樹、尤加利等，把樹的精華帶入屋。用噴霧香薰器發放安神和靜心的檀香、佛手柑，或者混合薰衣草、天竺葵和檸檬精油，可以抖擻室內的精神。

家，可以是你捨不得離開的自製天堂。

情緒亂時，行山

累了，喝口水，休息一下，遙望天地，豁然開朗，原來天大地大，沒什麼大不了。

生活可以很簡單，但大部分人過的都不是簡單的生活，太多複雜變幻無常的經歷，讓每一天都不容易應付，難以從容度過。情緒因外在事端刺激而左搖右擺，要安定下來並不容易。

有讀者告訴我，他有依我教過的方法，每天都設法空一段時間出來安靜自己，一個人靜靜的。他選擇了看書、聽音樂、打坐，有時有效果，有時還是心裡記掛著俗世事，工作的、感情的、家庭的，老是放不下。不過有空靜的時間總比沒有好。

像他這樣每天抽空回歸安靜，已經是很好的嘗試，起碼在安靜的時刻，即使思緒還雜亂，還會有憂慮，身體也能進入稍為放鬆和休息的狀態，已經是不錯的調養。不過，更好的方法，可以是配合運動，尤其是定期外出的走動。

其中最好的選擇是多走路，尤其是行山。

世界各地都有很多大自然的山徑，有易走的，有難走的，視乎個人能力而選擇適合自己走的路。多走山路，走進大自然裡，借助大自然天然的療養力量，會更容易清理自己積累下來的疲憊和困擾，轉化負能量，修理好情緒。

行山的好處是，你可以經歷一段較長的時間，讓身心調整和重新結合，不再分裂。情緒不好，是身體和心理不能整合得宜，出現了斷層，身體便產生不舒服的反應，讓你感到不安，再因應不同情況而轉化成不同的情緒表現，如憤怒、悲傷、煩躁、憂傷等等。這些情緒反應若沒有得到適當地排遣的話，便會轉化成長久的心理壓抑，干擾健康。

要排遣負面情緒，最有效的渠道是把它運送到肌肉上，通過運動和流汗，把多餘的、負面的能量釋放。最初起步時，腦袋還可能會有一些負面的思緒糾纏著，不願意離開，但當不停地走路需要身體能量時，思緒不安所需的能量便被實實在在地奪回了，這時的你，會把所有精力花在腰和腳力上，胸肺擴張，你已無暇再胡思亂想了，變回一頭純粹的動物。這一刻，便是最靜心的你。

行山令你一直向前走，沒後退，能量在流動中。你可以借助大自然溫柔的照顧，天給你的純氧，樹給你的問好。抱一下大樹，讓幾十年、幾百年甚至上千年的古樹智慧和能量安慰你，你會很感動，正能量重回身心。累了，喝口水，休息一下，遙望天地，豁然開朗，原來天大地大，沒什麼大不了。

大自然會讓你從愁眉轉化成開懷歡笑。人寬容了，心情便不再一樣。

讓自己投入行山的旅程中，走一兩個小時甚至更長的路，比困在家做一百次靜坐更身心暢快。

素黑 枕邊自愛系列 之三

踏踏實實愛自己

Down to Earth, Love Yourself

作者　素黑

責任編輯　寒靜街

美術設計　大紅

封面攝影　(人像)朱文豪 / (花)暨華凝 Maseedis Kay

內頁攝影　暨華凝 Maseedis Kay

模特兒　素黑

出版者　知出版社
香港鰂魚涌英皇道1065號東達中心1305室
電話：(852) 2564 7511
傳真：(852) 2565 5539
電郵：info@wanlibk.com
網址：http://www.formspub.com
http://www.facebook.com/cognizancepub

發行者　香港聯合書刊物流有限公司
香港新界大埔汀麗路36號
中華商務印刷大廈3字樓
電話：(852) 2150 2100
傳真：(852) 2407 3062
電郵：info@suplogistics.com.hk

承印者　中華商務彩色印刷有限公司
香港新界大埔汀麗路36號

出版日期　二零一六年七月
第一次印刷

ISBN 978-962-14-6100-1

上架建議：
(1) 兩性關係 (2) 心理勵志 (3) 流行讀物

知出版社
COGNIZANCE PUBLISHING